AF533502

Ein Buch ist wie ein großer Friedhof, wo man auf den meisten Grabsteinen die verwitterten Inschriften nicht mehr lesen kann.

(Marcel Proust)

Jürgen Heimlich

Wiener Friedhöfe

Eine Entdeckungsreise

© 2016 Jürgen Heimlich

Autor: Jürgen Heimlich
Fotos Bildteil und Cover: Jürgen Heimlich
Foto Jürgen Heimlich: Christina Römer

Druck und Vertrieb im Auftrag der Autorin/des Autors:
Buchschmiede von Dataform Media GmbH, Wien
www.buchschmiede.at

ISBN 978-3-99049-729-6

Das Werk, einschließlich seiner Teile, ist urheberrechtlich geschützt. Jede Verwertung ist ohne Zustimmung des Verlages und des Autors unzulässig. Dies gilt insbesondere für die elektronische oder sonstige Vervielfältigung, Übersetzung, Verbreitung und öffentliche Zugänglichmachung.

Inhaltsverzeichnis

Prolog

Wien ist eine Stadt der Friedhöfe. Dem Besucher bieten sich zahlreiche Möglichkeiten, auf Entdeckungsreise zu gehen. Mein kleines Büchlein soll dazu angetan sein, Neugier zu wecken. Friedhöfe sind friedliche, ruhige Orte. Die Zeit scheint still zu stehen. Es gibt keine Alltagshektik. Alles fließt dahin.

Friedhöfe sind Areale, wo lieben Menschen gedacht werden kann, deren Leben ein Ende gefunden hat. Wobei der Tod als Endgültigkeit nur eine Vorstellung ist. Es schließt sich ein Kreis. Doch warum sollte sich kein neuer Kreis öffnen? Der Mensch ist das einzige Wesen auf Erden, das einen Begriff für Seiendes, Gewesenes und Werdendes hat. Das Bewusstsein der Relativität des Lebens ist einer der Gründe, weshalb Friedhöfe oft gemieden werden. Als regelmäßiger Friedhofsgänger kann es passieren, dass mir stundenlang keine Menschen begegnen. Wer bereit ist, Friedhöfe zu entdecken, der braucht ein Stück weit Abstand von der Welt, wie wir sie kennen. Die Entschleunigung präsentiert sich in prachtvollem Kleid auf Friedhöfen.

Wichtig ist, sich Zeit zu nehmen. In Windeseile einen Friedhof zu durchschreiten ist ein sinnloses Unterfangen. Somit bedarf es auch innerer Ruhe, längere Zeit auf einem Friedhof zu verweilen. Der Ballast möge vor dem Friedhofseingang abgeladen werden. Frei von den üblichen großen und weniger großen Problemen kann eine Friedhofstour zu einem unvergesslichen Erlebnis werden. Ich gebe nicht vor, was besonders entdeckenswert ist. Vielmehr mag meine Entdeckungsreise als Beispiel dienen, Friedhöfen gegenüber aufgeschlossen zu sein.

Neben den konkreten Entdeckungen ausgewählter Wiener Friedhöfe setze ich mich zudem mit *cemetery hopping* auseinander. Es bietet sich ja sowohl für Touristen als auch Einheimische an, mehrere Friedhöfe an einem Tag zu entdecken. Dementsprechend ist mir daran gelegen, jene Friedhöfe miteinander zu verknüpfen, die sich für *cemetery hopping* eignen. Durch einen beispielhaften Erfahrungsbericht über diese Friedhöfe ergibt sich eine kleine Landkarte, mit der Sie sich auseinander setzen mögen, wenn Ihnen daran gelegen ist.

Freilich sind - und das muss ich unterstreichen - meine Berichte sehr individuell. Historische Komponente sind das Fundament, vorrangig geht es um die Auseinandersetzung mit zu entdeckenden oder neu zu entdeckenden Arealen, die als Friedhöfe dienen. Als Anhang finden Sie eine Auflistung der Friedhöfe inklusive Öffnungszeiten und Anmerkungen. Zudem präsentiere ich meine persönliche „Top 10“. Der Bildteil veranschaulicht die vielen besonderen Details und Eigenheiten, wie sie auf allen Friedhöfen entdeckt werden können.

Abschließend kann ich Ihnen nur viel Spaß auf der Entdeckungsreise gemeinsam mit mir wünschen. Und wenn ich Sie dazu animieren kann, es mir nachzutun, dann freue ich mich darüber ganz besonders. Nun aber auf zum ersten Friedhof.

Und es geht gleich zum zweitgrößten Friedhof Europas

Wer zum ersten Mal nach Wien reist, und keinen Abstecher zum Zentralfriedhof macht, versäumt eine Attraktion, die nicht in wenigen Minuten abzuhaken ist. An manchen Tagen tummeln sich Touristen-Gruppen, vorwiegend Japaner, bei den ehrenhalber bestatteten Musikern. Eine von vielen Geschichten erzählt von den Menschen aus Fernost, die direkt vom Flughafen nicht ins Hotel fahren, sondern sogleich mitsamt Gepäck dem Zentralfriedhof die Ehre geben. Interessanterweise habe ich dieses Phänomen nur in der Gestalt von Nicht-Japanern beobachten können. Rollkoffer erleichterten den Aufenthalt auf dem Friedhof.

1874 wurde der Zentralfriedhof eröffnet. Er hat eine Fläche von 2,5 Quadratkilometern und gilt als Sehenswürdigkeit. Ich gehe weiter und behaupte, dass er zum Unterschied zu Riesenrad und Stephansdom durch seine Vielfalt besticht. Es wäre auch despektierlich, ihn bloß als „Totenacker" zu bezeichnen. Drei Millionen Menschen sind hier bestattet, damit laufen die Toten den Lebenden in Simmering eindeutig den Rang ab, und Simmering kann als bevölkerungsreichster Bezirk von Wien bezeichnet werden. Bis in die 1980´er Jahre hinein war der Zentralfriedhof ein Jagdgebiet. Heute werden andere Methoden angewandt, um das ökologische Gleichgewicht zu bewahren.

Eine dieser Methoden ist der 2011 eröffnete Naturgarten. Er wurde als Rückzugsgebiet für die vielen Tiere angelegt, die sich auf dem Zentralfriedhof heimisch fühlen. Auf 40.000 Quadratmetern gibt es ein Biotop, zudem viele junge Bäume, Sträucher und eine große als Lebensraum dienende Blumenwiese. Ein erkennbares Problem ist die Zurückdrängung der Natur und somit Vernichtung von Versteckflächen für alle möglichen Tiere. Warum dies geschieht, ist mir schleierhaft. Die Natur wird auch auf dem Friedhof in die Schranken gewiesen. Eine Tatsache, die für die Städte an sich ja üblich ist. Friedhöfe sind – und das darf nicht verheimlicht werden – auch Naturoasen. Die noch Lebenden sollen sich wohlfühlen und eine Freude daran haben, zudem die Stille genießen.

Ich habe sechs Rehe beobachtet, als sie durch den Naturgarten liefen. Innerhalb kürzester Zeit sind die Tiere ein Stück weit heimisch geworden und erfreuen sich an der Ruhe vor dem Ansturm der Touristen. Kein Wunder, dass sogar Bienen eine wahre Freude daran haben, hier auszufliegen.

Die Baumalleen auf dem Friedhofsgelände sind eine Augenweide. Kastanien, Buchen, Platanen, Linden, Ahorn, Hopfenbuche oder Schwarznuss erfreuen das Herz des Friedhofsgängers. Der Naturgarten grenzt an die Mauer zum Verschiebebahnhof, und befindet sich in der verlängerten Achse der Friedhofskirche. Zuvor ist ein Areal für die Opfer des 1. Weltkrieges angelegt, bezeichnet als Gruppe 91.

Allein schon der Weg zum Naturgarten lohnt einen Besuch auf dem weitläufigen Gelände des Zentralfriedhofs. Der Besucher kann dort verweilen, auf einer der ungewöhnlichen Sitzmöglichkeiten Platz nehmen und es sich gut gehen lassen.

Zumeist ist die Einsamkeit der treueste Begleiter. Ein, zwei Mal waren gleichzeitig mit mir ein oder zwei Menschen auf dem Areal.

Eine große Zeitspanne, bevor der Zentralfriedhof angelegt worden ist, tummelten sich in der Auenlandschaft zahlreiche „Ureinwohner". Insbesondere Hasen, Rehe, Fasanen, Habichte und zahlreiche Singvögel genossen ihr Leben. Eichhörnchen und Feldhamster sind dazugekommen. Für die Tiere mag der Zentralfriedhof also nach wie vor ein lebenswerter Raum sein, der nur allerheilige Zeiten bedroht zu sein scheint, wenn unzählige Menschen mit Grablichtern und Blumen bewaffnet unterwegs sind. Der Zentralfriedhof ist wohl eine Naturoase am Rande der Stadt, in der jener Abstand vom Alltag gewonnen werden kann, der zum seelischen und physischen Wohlbefinden unabdingbar ist.

Der Friedhof Ohlsdorf in Hamburg ist noch ein Stückchen größer als der Zentralfriedhof in Wien. Doch als Totenstadt ist der Zentralfriedhof in Europa unschlagbar. Nirgendwo sonst sind so viele Menschen bestattet. Ob der Mythos vom Naheverhältnis des Wieners zum Tod damit zusammen hängt, ist nicht felsenfest belegbar. Georg Kreisler, der mit „Der Tod, das muss ein Wiener sein", zu Lebzeiten für Furore sorgte, ist überraschenderweise nicht wie sein Kollege Gerhard Bronner am Zentralfriedhof, sondern auf dem Friedhof Aigen in Salzburg begraben.

Krematorium Wien

Jahrhundertelang war die Feuerbestattung auch in Wien unvorstellbar. Die Kirche blockierte diese Möglichkeit. Hintergrund war die - angeblich - glaubensfeindliche Dimension dieser Form, Menschen eine letzte Ruhestätte zu gewährleisten. Die Leugnung der Wiederauferstehung ist dahingehend ein bemerkenswerter, vorgeschobener Grund. Der Mensch soll in seiner Leiblichkeit wieder auferstehen. Durch die Feuerbestattung wird dem Verstorbenen dieser Gnadenakt Gottes verwehrt. In Wien rang sich die Kirche erst 1963 durch, Feuerbestattungen zuzulassen. Freilich wird den Gläubigen empfohlen, eine Erdbestattung vorzuziehen.

Die Geschichte der Feuerbestattung in Wien wurde - um ein Bonmot zu bemühen - am 7. Oktober 1921 angeheizt, als der Gemeinderat den Bau eines Krematoriums auf dem Gelände des Neugebäudes in Simmering beschloss. Den Architektenwettbewerb gewann Clemens Holzmeister, der zu Österreichs wesentlichsten Kirchenarchitekten zählt. Bemerkenswerterweise verbot Sozialminister Schmitz einen Tag vor der geplanten Eröffnung des Krematoriums, und zwar am 16. Dezember 1922, österreichweit die Feuerbestattung. Davon unbeeindruckt zeigte sich Bürgermeister Reumann, der einen Tag später keinen Rückzieher machte. Die Bundregierung klagte Reumann beim Verfassungsgerichtshof, unterstützt von vielen katholischen Geistlichen. 1924 entschied der Verfassungsgerichtshof zu Gunsten der Stadt Wien. Die Geburtsstunde der Feuerbestattung war bereits am 17. Jänner 1923 erfolgt. Nunmehr war eine rechtliche Absicherung gegeben.

Das Urnengrab von Jakob Reumann befindet sich gleich im Innenhof der Feuerhalle.

Das Gelände des Krematoriums ist in relativer Nähe zum 2. Tor des Zentralfriedhofs angelegt. Der Zugang ist nicht so leicht erkennbar. Doch der geübte oder gewillte Friedhofsgänger kann schnell zu dieser für Wien einmaligen Destination vordringen, wenn er nur weit genug in den Hintergrund tritt. Belohnt wird er mit einem sehr schön angelegten Friedhof, der großteils von Erdgräbern beherrscht ist. In den prächtigen Arkadengängen gibt es zahlreiche Urnennischen, darunter auch ehrenhalber gewidmete Gräber. Das Areal lädt zu längeren Spaziergängen ein.

Überrascht war ich, in einer der Arkadengänge das Urnengrab von Hugo Bettauer zu sehen, das nicht als Ehrengrab gekennzeichnet ist. Der Autor und Journalist Hugo Bettauer wurde am 10. März 1925 in seiner Redaktion niedergeschossen. Am 26. März erlag er seinen schwerwiegenden Verletzungen im Alter von 52 Jahren. Der von NS-Ideen indoktrinierte Attentäter wurde in die Psychiatrie verbracht und eineinhalb Jahre später als „geheilt" entlassen. Hugo Bettauer ist insbesondere für seine Werke „Die Stadt ohne Juden" und „Die freudlose Gasse" bekannt.

Der Vorteil der Feuerbestattung liegt in den vielfältigen Verbringungsmöglichkeiten der Urnen begründet. So gibt es auf dem Areal des Zentralfriedhofs den sogenannten *Waldfriedhof,* wobei die Urnen in einem - wie der Name schon sagt - kleinen Waldgebiet begraben werden. Die Kostenfrage sollte bei der Wahl zwischen der Erdbestattung und der günstigeren Feuerbestattung keine Rolle spielen. Als Kind bin ich dem Glauben angehangen, die Toten würden vor den Augen der Angehörigen verbrannt. Diese könnten also sehen, wie der Körper in Flammen aufgeht. Wie ich nunmehr weiß, wird eine solche Zeremonie in Indien durchgeführt. In Varanasi wird einerseits zwecks Sündenreinigung im Ganges gebadet, andererseits werden nur wenige Meter davon entfernt Verstorbene verbrannt, und deren Asche hernach ins Wasser gestreut. In Wien läuft die Sache unter Ausschluss der Öffentlichkeit ab. Der Leichnam wird in einem Sarg befindlich in einen Ofen geschoben. Während der Kremation wird in der Hauptbrennkammer eine Temperatur von 1200 Grad Celsius erreicht. Der Vorgang dauert etwa 70 Minuten.

Interessant ist, dass die Anzahl der Feuerbestattungen nach der Tolerierung durch die Kirche im Jahre 1963 in Wien nicht angestiegen ist. Dies ist auch der Grund, warum das zweite Krematorium in Stammersdorf seit Mitte der 1980´er Jahre stillgelegt ist. Das Krematorium in Simmering ist also das einzige Krematorium in Wien und genießt somit eine besondere Stellung.

Tierfriedhof Wien

Seit 2011 gibt es in Wien die Möglichkeit, sein Haustier nach dessen Ableben nicht auf die herkömmliche Weise zu „entsorgen“, sondern diesem eine letzte Ruhestätte zu gewähren, wo Gedenken direkt an der Grabstätte möglich ist. Der Tierfriedhof befindet sich in unmittelbarer Nähe des 2. Tores des Zentralfriedhofs und somit auch unweit vom Krematorium Wien.

Als heilig geltende Tiere wurden im antiken Ägypten häufig bestattet. Katzen, Falken, Krokodile oder Stiere wurden einbalsamiert und hernach zu Grabe getragen. Im Mittelalter wurde manch Wohlhabender gemeinsam mit (mehreren) Pferden oder Jagdhunden begraben. Während die Geschichte der Tierbestattung gut 10.000 Jahre alt ist, kann die Haustierbestattung erst seit vergleichsweise wenigen Jahren von trauernden Frauchen und Herrchen angeordnet werden. Meist sind es Hunde und Katzen, die auf Tierfriedhöfen beerdigt sind, so auch in Wien. Aber auch Meerschweinchen, Goldhamster oder Wellensittiche dürfen sich nach ihrem irdischen Tod einer Gedenkstätte erfreuen.

Der Tierfriedhof Wien ist in etwa 2500 Quadratmeter groß. Die Anzahl der Gräber ist von vornherein begrenzt. So gibt es auch fast opulent zu nennende Grabstätten, die den Tierfriedhof schmücken. Fotos des geliebten Tieres sowie ein lieber Spruch sind häufig anzutreffen. Ein kleiner Rundgang fördert einige Überraschungen zutage. Wer genauer hinsieht, ist im Vorteil.

Freilich muss die Frage gestattet sein, ob denn Tierfriedhöfe tatsächlich notwendig sind oder hiermit bloß eine „Marktlücke" geschlossen wurde. Jedenfalls gibt es genügend Anfragen, sodass - ebenfalls seit 2011 - ein Tierkrematorium in Betrieb ist. Es bestehen die Optionen von Einzelkremierung und Sammelkremierung. Im Falle der Sammelkremierung verbleibt die Asche der Tiere in Sammelgräbern. Egal, ob Erdbestattung oder Urnenbeisetzung, die Grabstellen können zunächst für maximal fünf Jahre gemietet werden.

Angesichts der hunderttausenden Tiere, die bestattet werden könnten, nimmt sich ein einziger Tierfriedhof in Wien bescheiden aus. Es handelt sich also um eine definitiv ungewöhnliche Option, die den hinterbliebenen Frauchen und Herrchen offen steht.

Von der Schönheit der Gräber her betrachtet können viele letzte Ruhestätten für Tiere mit solchen für Menschen mithalten oder übertreffen diese sogar, insofern die Grabstätten für Menschen einen sehr einfachen, lieblosen oder ungepflegten Eindruck hinterlassen. Ein Besuch des Tierfriedhofes Wien ist allemal einen Abstecher wert.

Ich für meinen Teil habe als Kind meine Haustiere stets begraben. Meine Tanzmaus (ja, ich gebe zu, dass ich damals als Kind vom „Tanz" angetan war, und noch nicht wusste, dass diesen armen Tieren ein genetischer Defekt eingepflanzt wird) in einer Blumenkiste am Balkon, Wellensittiche und chinesische Zwerghamster auf freiem Feld. Ich habe viele Tränen an den selbst geschaffenen Grabstätten vergossen. Die Existenz eines Tierfriedhofes in Wien begrüße ich auch aus persönlichen Gründen durchaus. Tierfriedhöfe gibt es nunmehr wohl fast überall in Europa, allein in Deutschland deutlich über 100.

Der älteste Friedhof von Wien oder das steinerne Archiv

Es ist ungewöhnlich, aber für Wien nicht überraschend, dass der jüdische Friedhof in der Seegasse, welcher als ältester der Stadt gilt, über ein Pensionistenheim erreicht werden kann. Er befindet sich im Bezirksteil Rossau am Alsergrund, nur wenige Gehminuten von der Station Rossauer Lände der U4 entfernt.

Die ersten Begräbnisse fanden 1540 statt. Zwischen 1540 und 1783 diente dieser Friedhof als Hauptbegräbnisstätte der Mitglieder der jüdischen Gemeinde in Wien. Die Geschichte des Friedhofes ist hochspannend, einen kleinen Einblick bietet eine Informationstafel, die im Foyer des Pensionistenheimes angebracht ist. Meine Überraschung bei meinem ersten Besuch ist groß, ich hatte mir einen größeren Friedhof erwartet. Der Friedhof kann als Teil des Hofs angesehen werden. Zum Zeitpunkt meiner Erkundungstour ist er auf „eigene Gefahr" zugänglich (näheres über Öffnungszeiten und wichtige Infos hierzu im Rahmen der Anmerkungen am Ende dieses Büchleins). Es finden dort absolut notwendige Renovierungsarbeiten statt. Während der knapp zwei Stunden, die ich auf dem Friedhof verbringe, begegnet mir kein weiterer Besucher. Somit habe ich den Friedhof ganz für mich allein, ein durchaus angenehmes Gefühl. Selten höre ich Stimmen, wahrscheinlich von Angestellten. Die Ruhe genieße ich voll und ganz. Es ist schwer vorstellbar, welch außerordentliche Geschichte jedes einzelne Grab auszeichnen mag. Soviel Zeit ist vergangen seit den sozusagen aktiven Zeiten des Friedhofs. Am 3. Dezember 1783 kam es zur letzten Beerdigung.

Josef II. ließ den Friedhof stilllegen. Und es wurde zeitgleich grundsätzlich aus hygienischen Gründen in ganz Österreich verboten, Menschen zwischen hohen Häusern zu begraben. Der Friedhof war bis zur Zeit des Nationalsozialismus in Besitz der israelitischen Kultusgemeinde. Die Nazis raubten im März 1938 das gesamte Liegenschaftseigentum. Adolf Eichmann verkaufte dieses wiederum, um damit ein „Durchgangslager" nach Theresienstadt zu finanzieren. Einigen sehr mutigen Juden gelang es, einen Teil der Grabsteine beim 4. Tor des Zentralfriedhofs zu verstecken. Diese Steine blieben über viele Jahre verschwunden. Zwischenzeitlich diente der leere Friedhof als Spielplatz. Doch einem glücklichen Zufall ist es zu verdanken, dass der älteste Friedhof von Wien wieder eingeweiht werden konnte. Ein Lastwagen blieb beim 4. Tor des Zentralfriedhofs stecken. Der Fahrer wurde auf die barocken Grabsteine aufmerksam, die jahrzehntelang unter der Erde versteckt waren. Insgesamt 280 der 931 aufgefundenen Grabsteine wurden in die Seegasse zurück gebracht. Am 2. September 1984, also ziemlich genau 200 Jahre nach der Stilllegung, erfolgte die Wiedereinweihung.

Traude Veran ist eine ganz besondere Frau. Sie wollte unbedingt ein Zimmer mit Gräberausblick. Dieser Wunsch wurde ihr erfüllt. Sie wohnt seit vielen Jahren in unmittelbarer Nachbarschaft zum Friedhof im Seniorenheim „Haus Rossau". Die studierte Sprachpsychologin und Sozialarbeiterin hat ein bewegtes Berufsleben hinter sich. Seit ihrer Pensionierung ist sie als Autorin sehr aktiv. Ihr wohl imposantestes Werk beschäftigt sich mit dem Friedhof in der Seegasse. *Das steinerne Archiv* ist der Titel des Buches. Traude Veran erzählt Geschichten von den Toten, sämtliche erhaltenen

Steine sind dokumentiert. Damit hat die Autorin dem ältesten noch erhaltenen Friedhof in Wien einen wunderbaren Dienst erwiesen. Freilich ist dieses Buch auch direkt im Seniorenheim erhältlich.

Als passionierter Friedhofsgänger kann ich eine Frage für mich in aller Deutlichkeit beantworten. Sollte ich, ob aus Notwendigkeit oder einem Wunsch heraus, meinen Lebensabend in einem Seniorenheim verbringen wollen, so würde ich das „Haus Rossau" nicht mit aller Vehemenz anvisieren. Zum Einen ist davon auszugehen, dass dieser Friedhof nach dem Ende der Renovierungsarbeiten eine kleine Touristenattraktion darstellen mag, zum Anderen hat Traude Veran schon Pionierarbeit geleistet, der ich nichts hinzufügen könnte. Doch es ist davon auszugehen, dass ich diesen Friedhof noch öfters besuchen werde. Was ich allen an (Wiener) Friedhöfen interessierten Menschen ans Herz legen kann. Nur wer einem Friedhof mehrmals die Ehre gibt, kann die einmalige Atmosphäre konservieren und auskosten. Erinnerungen verschwimmen schnell, möge der jüdische Friedhof in der Seegasse als kulturhistorisches Denkmal für alle Ewigkeit erhalten bleiben.

Der Hietzinger Friedhof

Bereits 1787 wurde der Friedhof geweiht. Bis 1786 gehörte Hietzing zur Pfarre Penzing. Hernach fanden mehrere Umgestaltungen und Erweiterungen statt. 1907 kam ein fast 16.000 Quadratmeter großes Grundstück dazu. Insgesamt umfasst der Friedhof eine Fläche von über 97.000 Quadratmetern.

Das Besondere an diesem Friedhof ist zweifellos die große Dichte an Ehrengräbern. Bislang sind 111 Gräber ehrenhalber gewidmet. Wie bei fast allen Wiener Friedhöfen besteht die Möglichkeit, beim Portier eine Liste der Ehrengräber zu bekommen. Auf einem Plan sind die Ehrengräber eingezeichnet. Ich gehöre zu jenen Friedhofsgängern, die stets auf der Suche nach besonderen Entdeckungen sind. Kenne ich einen Friedhof schon genauer, steuere ich jene Wege und Abzweigungen an, die mich in neue Gefilde bringen mögen. Als ich zum allerersten Mal den Hietzinger Friedhof besuche, gilt mein Ziel der Auffindung von Ehrengräbern.

An einem schönen Frühlingstag sind nur wenige Menschen unterwegs. Einige Friedhofsgärtner verschönern Grabstätten. Eine Frau mittleren Alters pflegt ein Grab in unmittelbarer Nähe des Ehrengrabes für Heinz Conrads. Zunächst zieht es mich zu Ernst Marischka, dem Autor und Regisseur. Die Ehrengräber sind allesamt recht leicht aufzuspüren, mit einer Ausnahme. Die letzte Ruhestätte von Fanny Elßler, der berühmten Tänzerin, kann ich erst im dritten Versuch auffinden. In knapp zwei Stunden gelingt es mir, einigen der wichtigsten Ehrengräber die Aufwartung zu machen. Längere Zeit halte ich mich beim Grab von Franz Grillparzer auf. Bei genauerem Hinschauen bemerke ich, dass ein Büchlein das Grab zu zieren scheint. *Der Traum ein Leben*. Da muss wohl ein Gast am Werke gewesen sein. Oder haben sich Nachfahren für dieses Drama entschieden? Ich kenne nur einen Teil der Dramen von Grillparzer und auch nur bedingt Prosa. Gut in Erinnerung ist mir, dass eine Schulkollegin einst mit ziemlichem Widerwillen *Der arme Spielmann* gelesen und dann ein Referat darüber gehalten hat. Das könnte sogar der Hauptgrund sein, warum diese Novelle bis heute nicht in einem meiner Bücherregale aufzufinden ist.

Die Grabstätte von Gustav Klimt begegnet mir fast nebenbei. Auch dort verweile ich länger als bloß ein paar Augenblicke. Schließlich steht die Zeit bekanntlich auf den Friedhöfen still. Eine Begegnung der anderen Art habe ich mit einer Touristengruppe. Ich halte mich bei der recht opulenten Grabstätte von Auer von Welsbach auf. Die Touristen schießen Fotos und unterhalten sich einige Meter von mir entfernt. Sie interessieren sich nicht für das Ehrengrab. Kennen die Damen und Herren den Friedhof schon und feiern an dieser Stelle ein Wiedersehen? Ich frage nicht nach. Auf Friedhöfen genieße ich die Einsamkeit ganz besonders.

Wenn ich meine Entdeckungen und Erfahrungen reflektiere, kommt auch der Gedanke von Theorie und Praxis auf. Wer es darauf anlegt, kann ein großes theoretisches Wissen über Friedhöfe erlangen. Es gibt hunderte von Büchern und das weltweite Netz kann in diesem Belange durchforstet werden. Doch all dies ersetzt die praktische Erfahrung nicht. Das Gefühl, auf einem Friedhof unterwegs zu sein, die außergewöhnliche Atmosphäre in sich aufzunehmen, einzigartige Grabstätten, Denkmäler, Friedhofskreuze und einiges mehr in Augenschein zu nehmen, kann so intensiv sein, dass es den Wunsch nach Wiederkehr aufkeimen lässt.

Informationen in einem Buch nachzuschlagen ist graue Theorie. Dieses Büchlein, das zu schreiben mir ein Bedürfnis ist, soll über altbekannte Dinge hinausgehen. Ich will die Aufmerksamkeit auf Friedhöfe als lebendige Orte lenken. Es ist mit Worten nur unzureichend beschreibbar, welche magische Anziehungskraft Friedhöfe ausüben können. Da muss sich jeder Leser selbst davon überzeugen. Ich fungiere vielleicht im besten Falle wie ein Friedhofswärter, der ein wenig Licht ins Dunkel bringt. Leider werden Friedhöfe von vielen Menschen als dunkle Orte betrachtet. Ein wenig Angst ist im Spiel, schließlich befinden sich in den zahlreichen Gräbern, an denen der Weg vorbei führt, Menschen, die einst gelebt haben und nunmehr also tot sind. Der Tod ist ein Geselle, mit dem sich nicht immer gut Kirschen essen lässt. Somit vermeiden es nicht wenige Menschen, über gewisse Notwendigkeiten hinaus auf Friedhöfen unterwegs zu sein.

Der Hietzinger Friedhof ist ein glänzendes Beispiel dafür, wie großartig es sein kann, in die Geschichte einzutauchen. Die Konzentration auf die Ehrengräber vermag viele Erinnerungen wach zu rufen, eine Erfahrung, die ich nicht missen möchte.

Cemetery hopping: Das Prinzip

Es gibt Menschen, die sehr gerne Friedhöfe besuchen. Ich gehöre zu dieser außergewöhnlichen Gruppe. Wenn ich zum ersten Mal in einer Stadt, einem kleinen Dorf oder einer Metropole bin, begebe ich mich so rasch als möglich zu einem Friedhof. Somit muss ich in meinem Leben schon eine stattliche Anzahl an Friedhöfen entdeckt haben.

Was ist so faszinierend daran, seine Zeit auf Friedhöfen zu verbringen? Diese Frage kann jeder *cemetery hopper* nur für sich selbst beantworten. Womit ich direkt auf das Thema hinlenke. Relativ bekannt dürfte das „Insel hüpfen" sein. Urlauber, beispielsweise in Griechenland, lernen innerhalb von ein oder zwei Wochen mehrere griechische Inseln kennen. Sie hüpfen also sozusagen von einer Insel zur nächsten. Dann gibt es die *groundhopper*. Das sind Fußballfans, die möglichst viele Fußballplätze überall auf der Welt kennen lernen wollen. Mancher *groundhopper* schreibt über seine Erfahrungen, die er auf den Fußballplätzen dieser Welt gemacht hat.

Das Prinzip des *cemetery hopping* beruht auf diesem Verständnis. Friedhöfe kennen lernen zu wollen und möglicherweise anschließend darüber schreiben oder Fotos in das weltweite Netz stellen. Im Grunde ist jeder Mensch, auf den Friedhöfe eine gewisse Anziehungskraft ausüben, ein *cemetery hopper*. Denn es zieht ihn zu den Friedhöfen, wo auch immer er sich befindet. Freilich heißt das nicht, dass Menschen dazu aufgerufen sind, diese Eigenheit mit anderen Menschen zu teilen. Wer es vorzieht, ganz für sich allein

Friedhöfe zu erkunden, der wird ebenso seine Freude daran haben. Somit ist dieses Büchlein für beide Gruppierungen gedacht: Für jene, die ein Mitteilungsbedürfnis haben und für jene, die kein Aufhebens davon machen wollen.

In diversen sozialen Netzwerken sind *cemetery hopper* in ihrem Element. Es kursieren Tausende und Abertausende von Fotos und Erlebnisberichten. So ergibt sich ein ansehnliches, weltumspannendes Netzwerk von *cemetery hoppern*. Tag für Tag wird dieses Netzwerk größer, worüber ich mich sehr freue. Vielleicht haben Sie jetzt auch Lust darauf bekommen, Ihr Interesse für Friedhöfe in einen größeren Kontext zu stellen?

Allein schon die Friedhöfe in Wien bieten viele Gelegenheiten, das Prinzip des *cemetery hopping* anzuwenden. Ich werde, wie schon im Prolog angedeutet, zu gegebener Zeit auf Verbindungslinien zwischen Friedhöfen zu sprechen kommen. Wesentlich ist mir, das *cemetery hopping* ein Stück weit bekannter zu machen. Auf Friedhöfen spazieren zu gehen, Grabsteine zu bestaunen, sich mit Inschriften und somit den Menschen dahinter auseinander zu setzen, den Naturraum kennen lernen zu wollen, ist nicht wenigen Menschen ein Bedürfnis. Der Friedhofsgänger ist neugierig und will diese Neugier stillen.

Cemetery hopping kann als äußerst spannende Reise verstanden werden. Eine Reise, bei der definitiv der Weg das Ziel ist. Kein Leben reicht aus, um sämtliche Friedhöfe auf dieser Welt kennen zu lernen. Doch es lohnt sich, darüber nachzudenken, welchen Stellenwert Friedhöfe haben. Jeder Mensch wird eine persönliche Antwort darauf finden.

Jeder Mensch, der geboren wird, wird eines Tages sterben. Der Tod bleibt keinem Geschöpf erspart. Friedhöfe sind dazu da, jenen Menschen zu gedenken, die uns vorausgegangen und also im Vergleich zu uns Lebenden eine besondere Erfahrung reicher sind. So lautet meine Antwort.

Der Friedhof St. Marx

Wien verfügt über einen Biedermeierfriedhof, der darüber hinaus als Park angelegt ist. Dies ist auch der Grund dafür, dass ich hier besonders vielen Menschen begegne. St. Marx ist für Familien attraktiv. Die Kinder erfreuen sich an der Natur, die Eltern genießen die Ruhe. Ältere Menschen flanieren mit Bedacht.

Die Geschichte des Friedhofs St. Marx ist sehr wechselvoll. 1784 wurden fünf sogenannte *communale* Friedhöfe angelegt, allesamt bekannt als Biedermeier-Friedhöfe. Der neben dem jüdischen Friedhof in Währing, dem das nächste Kapitel gewidmet sein wird, einzig erhalten gebliebene Friedhof aus dieser Zeit ist jener in St. Marx. Auf den Arealen der anderen *communalen* Friedhöfe wurden Parkanlagen errichtet..

Die Schließung von St. Marx erfolgte fast zeitgleich mit der Eröffnung des Zentralfriedhofs. Durch die ab Mitte des 19. Jahrhunderts erfolgende Bevölkerungsexplosion in Wien entstand ein Bedarf an einem größeren Friedhof. Die kleineren wurden also geschlossen. Einige prominente Verstorbene, welche auf dem St. Marxer Friedhof beerdigt worden waren, wurden exhumiert und zum Zentralfriedhof verbracht. Sämtliche *communalen* Friedhöfe wucherten sich selbst überlassen über Jahrzehnte vor sich hin. Der Wiener Gemeinderat beschloss am 10. Februar 1922, alle ehemals *communalen* Friedhöfe aufzulassen und in Parkanlagen umzuwandeln. Dem Heimatforscher Hans Pemmer ist es zu verdanken, dass der

St. Marxer Friedhof erhalten geblieben ist und unter Denkmalschutz gestellt wurde. Der St. Marxer Friedhof zählt zweifellos zu den schönsten Friedhöfen von Wien, und ist ein einzigartiges Erbe der Biedermeierzeit.

Ich machte mich an einem späten Apriltag auf, diesen Friedhof zu erleben. Und ich war verzaubert von der Fliederblüte, die nicht ohne Grund besonders angepriesen wird. Nirgendwo in Wien befindet sich auf engstem Raum so viel Flieder. Das Aufblühen der Natur kann mit allen Sinnen erfasst werden. Die Naturwege zu durchschreiten, links und rechts herrliche Grabsteine und überall der blühende Flieder, gibt es etwas Schöneres auf der Welt?

Der Friedhof St. Marx lädt zum Verweilen ein. Es mag Friedhöfe geben, wo nach einiger Zeit der Wunsch entsteht, die Gedenkstätte zu verlassen. Solche Erfahrungen musste ich als geübter Friedhofsgänger auch schon machen. Allzu stereotyp angelegte Friedhöfe ziehen mich nicht gerade an. St. Marx verzaubert durch seine Vielfalt. Er kann stets aufs Neue entdeckt werden, langweilig wird da keinem Gast. Ich beschloss, mich mit einem guten Buch auf einem der zahlreichen Bänke niederzulassen. Vielleicht gar nicht mal „zufällig" ist in diesem Buch auch von Mozart die Rede, dessen Grab sich am St. Marxer Friedhof befindet.

Mozart schrieb am 4. April 1787 an seinen Vater:

„... ich lege mich nie zu Bette ohne zu bedenken, dass ich vielleicht, so jung als ich bin, den andern Tag nicht mehr sein werde – und es wird doch kein Mensch von allen, die mich kennen, sagen können, dass ich im Umgange mürrisch oder traurig wäre. Und für diese Glückseligkeit danke ich alle Tage meinem Schöpfer und wünsche sie vom Herzen jedem meiner Mitmenschen."

Mozart war sich seiner Sterblichkeit Tag für Tag bewusst, und gewann im Laufe seines Lebens den Tod lieb. Dies mag zunächst ein wenig befremdlich wirken, doch hat es tatsächlich einen Sinn, sich gegen die Unabänderlichkeit des Todes aufzulehnen? Den Tod nicht nur als Fakt zu akzeptieren, sondern aus der Endlichkeit des Lebens Kraft und Energie zu schöpfen ist allemal besser, als in Angststarre zu verfallen. Mozart hat sich mit dem Tod arrangiert und als ihn dieser nur vier Jahre, nachdem er die zitierten Worte geschrieben hatte, tatsächlich erreichte, mag er ihm angstfrei begegnet sein.

Dieser Umgang mit dem Tod ist keineswegs selbstverständlich. Gerade der Mensch hängt sehr am Leben und manch einer will sich davon nicht einmal lösen, wenn sämtliche Hoffnung erloschen ist. Jeden Tag die Möglichkeit des Todes vor Augen zu haben heißt nicht, lebensabgewandt seine Zeit abzusitzen. Nein, die Lebensfreude wird umso stärker, umso weniger der Tod ausgeklammert ist. Die Tabuzone Friedhof ist für viele Menschen Realität. Mehr noch das Tabu des eigenen Endes, des Todes. Die Eigenart von Mozart, sein vorzeitiges Ende nie auszuschließen, mag uns am Leben hängende aufrichten und neue Lebensimpulse verleihen.

Rechtzeitig, bevor ein Regenschauer niederging, verließ ich den Friedhof St. Marx und bin davon überzeugt, diesen wunderschönen und inspirierenden Friedhof sicher nicht zum letzten Mal besucht zu haben.

Jüdischer Friedhof Währing

Die Gründe für die Anlegung des jüdischen Friedhofes in Währing sind dieselben wie jene des Friedhofes in St. Marx. Ausgehend von der Sanitätsordnung Joseph II. mussten sämtliche Friedhöfe innerhalb des Linienwalls geschlossen werden. Der von der jüdischen Gemeinde verwaltete Friedhof in der Seegasse war ebenso betroffen wie die sogenannten *communalen* Friedhöfe. Die Gemeinde wich auf ein zwei Hektar großes neues Grundstück aus, das neben dem neu errichteten allgemeinen Währinger Friedhof situiert war, und 1784 eröffnet wurde. Durch Zukauf weiterer Areale konnte sich der Friedhof weitläufiger entfalten.

Die Fertigstellung der israelitischen Abteilung am Wiener Zentralfriedhof (heute beim 1. Tor gelegen) im Jahre 1879 führte dazu, dass am jüdischen Friedhof in Währing dort bis ins Jahr 1880 hinein nur mehr vereinzelt Bestattungen stattfanden. Während der benachbarte allgemeine Friedhof 1920 aufgelöst worden war, bestand der jüdische Friedhof Währing aufgrund jüdischer Religionsgesetze weiter. Insgesamt gibt es etwa 8000 bis 9000 Grabstellen. 30000 Menschen dürften hier bestattet worden sein. Tragisch ist, dass im Jahre 1941 bei Aushubarbeiten für einen Löschteich, der dann nie errichtet worden ist, 2000 Gräber vernichtet wurden. Mitglieder der Kultusgemeinde bargen die Gebeine und verbrachten sie mit Lastwägen zum Zentralfriedhof, wo die Toten in einem Massengrab die letzte Ruhe fanden. 1942 wurde das gesamte Friedhofsgelände zwangsenteignet. Die Gemeinde Wien kam in dessen Besitz. Nach dem zweiten Weltkrieg konnte nach zähem hin und her die Kultusgemeinde wieder zum rechtmäßigen Besitzer des Friedhofes erklärt werden.

Dieser Biedermeierfriedhof kann heute leider nur mittels Führungen besucht werden. Der Aufenthalt auf dem Gelände gilt als zu gefährlich. Es existieren zahlreiche offene Gräber und der Friedhof ist weitgehend ungepflegt. Außer einigen wenigen Freiwilligen gibt es niemanden, der sich um die Erhaltung des Friedhofes kümmert. Der Historikerin Tina Walzer, die selbst immer wieder Führungen anbietet, ist es ein besonderes Anliegen, dass der Friedhof jene Aufmerksamkeit erhält, die er verdient. Das Washingtoner Abkommen des Jahres 2001 sollte insbesondere auf diesen Friedhof als Pilotprojekt angewandt werden. Doch die Pflege und Sanierung des jüdischen Friedhofes in Währing ist nach wie vor kaum gegeben. Die im Jahre 2010 erfolgte parlamentarische Einigung, aus der hervorgeht, dass sich Stadt, Land und Kultusgemeinde zu je einem Drittel an den Kosten beteiligen, ist leider zum Scheitern verurteilt. Das in einem Fonds gebündelte Geld wird nur ausgeschüttet, wenn die jeweiligen Ortsgemeinden bereit sind, für 20 Jahre die Pflege des Friedhofes zu garantieren, und die Kultusgemeinde als Grundeigentümer den Betrag in Form von Eigenmitteln verdoppelt. Dies ist ein Ding der Unmöglichkeit.

Somit ist nicht damit zu rechnen, dass sich die Situation des jüdischen Friedhofes in Währing rasch verbessert, auch wenn dies längst an der Zeit wäre. Der Friedhof verfügt über prächtige Grabstellen. Die für die Wiener Geschichte sehr bedeutenden Familien Arnstein, Wertheimer und Königswarter sind hier bestattet. Zudem existiert eine sephardische Abteilung, deren Einzigartigkeit besticht.

Wer diesem Friedhof die Ehre geben will, ist also auf eine Führung angewiesen. Führungen und Freiwilligentage werden auch von den Wiener „Grünen" angeboten. Marco Schreuder, seit langem für die „Grünen" aktiv, ist die Pflege und Sanierung ein besonderes Anliegen. Er kooperierte in diesem Zusammenhang auch mit Tina Walzer.

Heute verhält es sich so, dass verstorbene Mitglieder der jüdischen Gemeinde in Wien auf dem neuen jüdischen Friedhof am Zentralfriedhof bestattet werden können, der sich beim 4. Tor befindet. In manchen Fällen mögen noch Begräbnisse auf dem Areal des alten jüdischen Friedhofes Nahe Tor 11 erfolgen. In unmittelbarer Nähe von Tor 11 wurde etwa im Jahre 1997 der Begründer der Logotherapie und Existenzanalyse Viktor Frankl in einem Familiengrab beigesetzt.

Dem jüdischen Friedhof in Währing ist zu wünschen, dass er lieber früher als später sorgsam saniert und gepflegt wird. Hierzu müssten wichtige Schritte erfolgen, die das Washingtoner Abkommen von 2001 adäquat umsetzen. Es wäre schön, wenn diese Gedenkstätte wie der St. Marxer Friedhof dereinst für die Öffentlichkeit zugänglich ist, ohne auf Führungen angewiesen zu sein.

Der islamische Friedhof

Am 3. Oktober 2008 wurde der erste islamische Friedhof Österreichs feierlich eröffnet. Er befindet sich im 23. Bezirk der Bundeshauptstadt. Mittlerweile besteht ein zweiter islamischer Friedhof in Altach, Vorarlberg. Der Hintergrund für die Notwendigkeit eines islamischen Friedhofes in Wien hängt damit zusammen, dass die Grabstellen auf dem Zentralfriedhof begrenzt sind. Mitte der 1970´er Jahre wurde auf dem zweitgrößten Friedhof Europas eine erste islamische Abteilung geschaffen. Die Grenzen der Kapazität waren schnell erreicht, somit galt es, eine zweite islamische Abteilung und schließlich eine islamisch-ägyptische Abteilung zu errichten.

Schon während des Baus des ersten islamischen Friedhofs Österreichs kam es zu anti-islamischen Anschlägen auf dem Gelände. Beschmierungen, eingeschlagene Fenster und ein offensichtlich gelegter Brand belegten dies. Das Landesamt für Verfassungsschutz und Terrorismusbekämpfung musste tätig werden. Nach einigen Verzögerungen, die allerdings auch mit anderen Faktoren in Zusammenhang standen, wurde das 34.500 Quadratmeter große Gelände in Betrieb genommen.

Die Anreise zu diesem Friedhof mit öffentlichen Verkehrsmitteln ist ein kleines Abenteuer. Mit dem Autobus der Linie 66a führt der Weg bis zur Siedlung Blumental. Die Friedhofsmauer ist sofort ersichtlich, wenn der Blick nach links gerichtet wird. Der Mauer entlang erreichte ich nach etwa sieben Minuten das Eingangsportal. Das Verwaltungsgebäude und die Aufbahrungshalle sind eine architektonische Augenweide. Schließlich ist rasch zu erkennen, dass hier erst seit 2009 Beerdigungen stattfinden. Der Friedhof ist auf 4000 bis 5000 Grabstellen angelegt, das Gelände sehr weitflächig. Noch ist nur ein kleiner Teil des Friedhofes mit Grabstellen belegt. Zudem gibt es eine eigene, kleine Kinderabteilung.

Es ist etwas Besonderes, einen noch sehr jungen Friedhof zu besuchen. Ein passionierter Friedhofsgänger wie ich entdeckt mit Vorliebe gerne besondere Gräber. Eine wunderschöne Gedenkstätte habe ich von allen Seiten betrachtet. Liebevoller Blumenschmuck, ein tiefgründiger Grabspruch, an die Verstorbene erinnernde Symbole kennzeichnen diese Grabstelle.

Auffällig sind einige Namen, die vermuten lassen, dass es sich um zu Lebzeiten zum Islam konvertierte Verstorbene handelt. Es herrscht grundsätzlich Vielfalt vor. Dementsprechend hielt ich mich über längere Zeit auf dem Friedhof auf, auch wenn die Anzahl der Grabstellen noch sehr überschaubar ist.

Dialoge und Konfrontationen mit Menschen auf Friedhöfen sind eher selten. Dementsprechend kam es für mich überraschend, dass mich ein Mitarbeiter des Friedhofes ansprach. Er fragte mich, ob ich hier etwas Spezielles suche. Wahrheitsgemäß antwortete ich, dass ich nichts suche, sondern gerne Friedhöfe erkunde. Der Mann akzeptierte meine Erklärung, blickte danach aber doch immer wieder in meine Richtung. Kann sein, dass es ungewöhnlich ist, eines nichtmuslimischen Friedhofsbesuchers gewahr zu werden. Zudem hielt sich eine Familie in unmittelbarer Nähe der Grabstätte eines Angehörigen auf. Eine Frau schenkte mir ein Lächeln. Ich denke, dass sie sich über mein Interesse für den islamischen Friedhof gefreut hat. Sollten Sie diese Zeilen lesen, dann seien Sie herzlichst gegrüßt!

Wien verfügt über 55 Friedhöfe, die noch belegt werden. Es ist gar nicht so leicht, eine Auswahl zu treffen. Dementsprechend habe ich, ehe ich dieses Büchlein zu schreiben begonnen habe, überlegt, wie ich vorgehen soll. Und ich bin zu dem Schluss gelangt, nicht alle Friedhöfe ins Kalkül zu ziehen. Durch die Auswahl signalisiere ich meine persönliche Entdeckungsreise. Im Laufe der Arbeit an diesem Buch komme ich auch mit für mich zuvor unbekannten Friedhöfen in Kontakt. So im Falle des islamischen Friedhofes. Es zeigt sich, wie vielfältig die Friedhofskultur in Wien ist. Friedhöfe sind in kulturhistorischer Hinsicht von immenser Bedeutung. Sie sind Zeitfenster in die Vergangenheit. Sowohl dem ältesten Friedhof Wiens in der Seegasse als auch dem jüngsten Friedhof Wiens in der Großmarktstraße habe ich die Aufwartung gemacht. Dadurch erweitert sich der Horizont des Entdeckers.

Der buddhistische Friedhof

Noch vor der Einweihung des Stupa am 23. Mai 2005 galt der buddhistische Friedhof in Wien als kleine Sensation. Es ist nicht üblich, dass außerhalb der asiatischen Kernländer buddhistische Friedhöfe entstehen. Somit kann jener am Wiener Zentralfriedhof, gelegen in der Gruppe 48a, als einzigartig bezeichnet werden. Die buddhistische Religionsgemeinschaft hat den Bau des Friedhofes initiiert und ist für die Kosten selbst aufgekommen.

Entworfen wurden der Stupa und die Anlage von Herrn Dr. Riccabona. Der auch für den Babyfriedhof und den Park der Ruhe und Kraft verantwortliche Architekt ist selbst Buddhist, somit war es ihm ein persönliches Anliegen, dieses Projekt zu verwirklichen. Wer den buddhistischen Friedhof aufsuchen will, kann diesen auf dem weitläufigen Gelände des Wiener Zentralfriedhofs vorzugsweise über das 2. Tor auf schnellstem Wege erreichen. Er befindet sich fast auf paralleler Linie rechts von der Lueger-Kirche.

Ich wurde dem buddhistischen Friedhof erst gut zwei Jahre nach der Eröffnung gewahr, obzwar ich regelmäßig den Zentralfriedhof durchstreife. Das lag wohl an meiner jeweiligen Routenwahl, die sich nicht mit dem Standort kreuzte. Das Areal übrigens wurde bereits am 21. September 2003 eingeweiht. Noch ist der Friedhof wenig belegt. Eine Besonderheit ist zweifellos, dass eine Mitgliedschaft bei der buddhistischen Religionsgemeinschaft keine Voraussetzung ist, um am buddhistischen Friedhof bestattet zu werden. Allerdings liegt die Entscheidung freilich in Verantwortung der buddhistischen Religionsgemeinschaft.

Erstaunlich fand ich es, dass der in Wien weithin als Buddhist bekannte Autor Ernst Hinterberger seine letzte Ruhestätte nicht am buddhistischen Friedhof fand. Er ist in einem Ehrengrab der Stadt Wien beigesetzt worden, wobei seine Nähe zum Buddhismus durch die Grabstätte erkennbar ist.

Eine Grabstätte schaue ich mir bei jedem Besuch an. Es ist jene einer Frau, die am gleichen Tag wie ich Geburtstag hatte. Anlässlich eines Friedhofsbesuches gemeinsam mit einigen Bekannten und Freunden fiel einem jungen Mann auf, dass auf einem Grabstein ein Kreuz eingraviert worden ist. Dies erschien ihm befremdlich. Doch wird hier nicht die Ökumene sichtbar? Angesichts der Diskussion, das Kreuz überhaupt aus dem öffentlichen Raum zu verbannen, was mir völlig überzogen erscheint, ist dieses einen kleinen Grabstein schmückende Kreuz ein Zeichen für die Verständigung zwischen den Religionen.

Zen-Buddhismus und Christentum lassen sich durchaus gut miteinander verbinden, wovon der von mir sehr geschätzte David Steindl-Rast Zeugnis gibt. Wenn nun ab und an von Unwissenden gemunkelt wird, dass der Buddhismus überhaupt keine Religion sei, kann ich darüber nur den Kopf schütteln. Auch die Vorstellung, Gott spiele im Buddhismus keine Rolle, ist unrichtig. Die Buddhisten glauben nicht an Nichts. Und wer nicht an Nichts glaubt, denkt über den Horizont eines Atheisten hinaus. Wobei dies kein Angriff auf die Atheisten sein soll. Ich selbst habe mich lange Zeit zu dieser Gruppe gezählt.

Die Vorstellungswelt der Buddhisten ist äußerst komplex und gemahnt zu Respekt. An Allerheiligen begegneten mir einige buddhistische Mönche, die sich anschickten, auf dem Friedhof zu meditieren.

Buddhisten können sowohl beerdigt als auch in Urnengräbern beigesetzt werden. Feuerbestattung ist also möglich.

Was mich am Zentralfriedhof neben vielen anderen Faktoren fasziniert ist die Existenz von Abteilungen und Friedhöfen verschiedenster Konfessionen und Glaubensrichtungen. Der evangelische Friedhof, die russisch-orthodoxe Abteilung, islamische Abteilungen sowie der alte und der neue jüdische Friedhof sind weitere Beispiele für die Koexistenz in diesem Zusammenhang. Der buddhistische Friedhof mit dem Stupa als Zentrum ist für jeden Besucher des Zentralfriedhofes mehr als bloß ein Geheimtipp. Buddhisten beschreiten den Friedhof im Uhrzeigersein. Die an Bäumen befestigten Gebetsfahnen werden vom Wind im Laufe der Zeit in Mitleidenschaft gezogen und somit immer wieder erneuert. Die acht sternenförmig rund um den Stupa angeordneten Gräberreihen symbolisieren den achtfachen Pfad des Buddhismus. Eine genauere Erklärung der Symbolik ist direkt beim Eingang des Friedhofes nachzulesen.

Cemetery hopping: Von Heiligenstadt bis zum Kahlenbergerdorf

1. Teil: Grinzinger Friedhof

Zumeist begebe ich mich allein auf Friedhofstour. Gerade für das *cemetery hopping* mag sich die gemeinsame Erkundung aber besonders eignen. Mein Freund M. und ich hatten drei Friedhöfe bereits in der Vergangenheit besucht. Besser gesagt, er kennt meine Vorliebe für Friedhöfe und zeigte mir jene, die in seinem Heimatbezirk liegen, und von ihm gerne von Zeit zu Zeit frequentiert werden. Wir beschlossen also, die Probe aufs Exempel zu machen und dem *cemetery hopping* zu frönen. Es galt, die betreffenden Friedhöfe von Nachmittag bis in den frühen Abend hinein zu besichtigen und dies mit einem etwas ausgedehnteren Spaziergang zu verbinden. Wer genug Puste hat, sei also herzlich eingeladen, unseren Pfaden zu folgen. Wobei kleine Adaptionen freilich nach Lust und Laune vorgenommen werden können.

Der Treffpunkt war um 14 Uhr vor dem Eingang zur Station der Linie U4 – Heiligenstadt. M. wartete bereits auf mich. Er schlug vor, den Weg von hier aus bis zum Grinzinger Friedhof zu Fuß zu bewältigen. Entlang der Heiligenstädterstraße geht es schließlich nach einiger Zeit linksseitig die Grinzinger Straße bergauf, schließlich vorbei an der Pfarrkirche St. Michael, bis nach ca. 45 Minuten in die Magettagasse eingebogen wird. Der Weg ist, wie M. und ich festgestellt haben, nicht so recht inspirierend für Gespräche. Und dem Blick bieten sich keine großartigen Bauten, abgesehen von der bereits erwähnten Kirche. Übrigens befand sich in früheren Zeiten, jedenfalls im frühen 18. Jahrhundert, rund um die Pfarrkirche ein Friedhof.

Als Alternative zum Fußweg bietet sich die Fahrt mit der Autobuslinie 38a von Heiligenstadt bis zur Station Grinzing an. Dort angelangt geht es linker Hand über den Mannagettasteg dann zur Mannagettagasse und von dort weiter zum Grinzinger Friedhof.

Unsere erste Aufgabe war es, bei der Verwaltung einen Friedhofsplan inklusive einer Auflistung der Ehrengräber zu erfragen. Nachdem wir vor einigen Jahren diesen Friedhof erstmals erkundet hatten, fiel es uns leichter, die entsprechenden Ehrengräber aufzuspüren. Der Grinzinger Friedhof, wie er sich jetzt zeigt, wurde 1830 eingeweiht. In diesem Jahr fand auch die erste Beerdigung statt. Er ist 45.265 Quadratmeter groß und damit der zweitgrößte in Döbling. Er ist sehr schön angelegt, und weist eine hohe Dichte an Ehrengräbern auf. Das verbindet ihn wohl mit dem Hietzinger Friedhof, den wir bereits besprochen haben.

Der richtige Riecher führte uns innerhalb nur weniger Minuten, es werden kaum mehr als 25 gewesen sein, zu jenen Grabstellen, die so etwas wie Pflicht für jeden erstmaligen Besucher sind. Da wäre gleich mal das Grab von Thomas Bernhard zu nennen. Eine ältere Dame fragte uns, ob wir ein bestimmtes Grab suchen, und wir nannten den Namen des streitbaren Genies. M. und ich wussten noch genau, wie schwierig es seinerzeit gewesen war, die Grabstätte von Thomas Bernhard zu finden. Dies hing damit zusammen, dass der auf einem kleinen, flachen Grabstein eingravierte Namenszug nicht aufgespürt werden konnte. Das Grab war von Pflanzen überwachsen gewesen. Diesmal war es leichter, weil keine übermäßige Pflanzenwucherung mehr gegeben war. Somit verbrachten wir einige Minuten an dieser Grabstätte und fotografierten nach Herzenslust. Hernach war es nicht weit bis zu den Gräbern von Gustav und Anna Mahler (befinden sich an verschiedenen Stellen!), Attila Hörbiger und Paula Wessely (wurden in einem Gemeinschaftsgrab bestattet) sowie Alexander Sacher-Masoch und der Familie Alexander.

Wir bewunderten noch einige künstlerisch hochwertige Grabstellen. Jene für Paula Kalman sticht dadurch hervor, dass sie die Lebensgefährtin von Emmerich Kalman (der am Wiener Zentralfriedhof begraben ist) buchstäblich in Überlebensgröße zeigt. Sie hatte nie den Namen ihres Mannes angenommen, doch wollte sie nach ihrem Tode damit die tiefe Verbundenheit zu ihm bekunden. Insgesamt durchschritten wir wohl eine knappe Stunde das Areal des Grinzinger Friedhofes. Gegen 15 Uhr 45 machten wir uns auf den Weg zur Bushaltestelle, Linie 38a, Richtung Kahlenberg. Für jene, welche anfangs die Fahrt mit dem Bus bevorzugt haben, wird es umso leichter sein, den Weg zur entsprechenden Haltestelle zu finden. Aber auch für die Stadtwanderer harten Schlages ist dies keine Hexerei. Mannagettagasse und Mannagettasteig weisen den Weg.

2. Teil: Kahlenberger Friedhof

M. und ich warteten gut 12 Minuten, bis ein Bus der Linie 38a auftauchte, der bis zum Kahlenberg fuhr. Es ist darauf hinzuweisen, dass jeder zweite Bus nur bis zur sogenannten Wagenwiese fährt. Im Bus verwickelte eine wohl aus Indien stammende Touristin meinen Freund in englischer Sprache in ein Gespräch. Leider kommunizierten die beiden eher aneinander vorbei. M. gab ihr den Tipp, vom Cobenzl aus die „vinegardens" zu erkunden. So hoch hinaus wollte sie aber offenbar nicht, und war dann unschlüssig, wo sie aussteigen möchte. Schließlich verließ sie ausgerechnet bei der Station Wagenwiese den Bus. Gemeinsam mit ihrem Vater, zumindest war dies meine Annahme, bewegte sie sich dann jedoch bergauf Richtung Krapfenwaldbad. Nun gut, irgendwo irgendwann würde sie möglicherweise Weingärten sehen. Ob es ihr tatsächlich darum ging, wussten weder M. noch ich mit Sicherheit. Hatte sie mit „vinegarden" einen Heurigen gemeint? Eine etwas kuriose Erfahrung allemal.

20 Minuten später saßen wir in einem Café, nachdem wir zunächst den Ausblick auf Wien von einer Aussichtsplattform aus genossen hatten. Die Sonne blinzelte immerhin ein wenig durch. Ich gehöre zu den Schönwetter-Friedhofsgängern. Dementsprechend hatte ich von der Wettervorhersage ausgehend diesen Tag Mitte Mai als optimal für das *cemetery hopping* auserkoren. Schwarze Wolken deuteten darauf hin, dass das für den nächsten Tag angesagte Gewitter vielleicht doch schon demnächst Wien erschüttern würde. Doch frohen Mutes sprachen wir ein wenig über Gott und die Welt, tranken

jeweils ein Heiß- und ein Kaltgetränk. Gegen 17.30 Uhr machten wir uns auf den Weg zum Kahlenberger Friedhof.

Hierzu gilt es, die Kahlenberger Straße abwärts zu gehen. Geübte Stadtwanderer erreichen den Friedhof nach knapp 10 Minuten. Er befindet sich linksseitig, die aufwärts führenden Stufen mögen ein gutes Erkennungszeichen sein. Mit insgesamt 30 Gräbern ist er wohl der kleinste Friedhof von Wien und gleichermaßen ein Kleinod. Er wurde am 21. Dezember 1783 eingeweiht. Der Polenkönig Jan Sobieski führte von diesem Gebiet aus im Jahre 1683 die Befreiungsschlacht gegen die Türken an. Die Erschließung des Waldfriedhofes 100 Jahre später geht auf diese sich in Josefsdorf abspielende Befreiuungsschlacht zurück. Grabstätten geben hiervon auch Zeugnis. Ab 1874 fanden hier keine Beerdigungen mehr statt, abgesehen von Priestergräbern der Mönche. Zudem befindet sich am Kahlenberger Friedhof die Grabstätte von Leopold Ungar, dem ehemaligen Direktor der Caritas.

Wer das eiserne Tor durchschreitet, befindet sich in einer anderen Welt. Welche Welt der junge Mann zu erkunden trachtete, dem wir mit Kopfhörern, Aufnahmegerät und Mikrofon ausgestattet bei seinem Rundgang beobachteten, bleibt ein Geheimnis. Er war in seine Aufgabe vertieft, grüßte uns jedoch sehr leise und bedacht. Das Mikrofon bewegte er knapp über der Erdoberfläche. Wo er dies mit Vorliebe gleich direkt bei den Grabstätten vollzog, munkelten wir, er wolle das Flüstern der Toten auf Tonband bannen. Wahrscheinlicher ist es freilich, dass er der Geräuschkulisse kleinster Lebewesen auf der Spur gewesen ist. Die Vorstellung, es mit einem Menschen zu tun zu haben, der den geheimen Gesprächen der

Toten zu lauschen als seine Aufgabe ansieht, hat natürlich mehr Reiz. M. und ich kennen beide die Erzählung von Dostojewski, wo die Toten in ihren Gräbern miteinander in Disput geraten.

Gleich in der Nähe des Eingangs befindet sich das Grab der einst „schönsten Frau von Wien". Sie verstarb im Alter von nur knapp 21 Jahren im Jahre 1815. Ihr Name war Karoline Traunwieser. Gleich bei der Grabstätte ist ihre Geschichte nachzulesen. Sie erlag der Lungenschwindsucht. Eine Legende besagt, dass sie sich in einen französischen Oberst verliebte, der beim Rückzug von Napoleon aus Moskau 1812 sein Leben verlor. Dieser Verlust soll sie so schwer belastet haben, dass sie nie darüber hinwegkam und die zum Tode führende Krankheit eine Folge dessen war.

Nachdem wir den Friedhof verlassen hatten, gingen wir weiter die Kahlenberger Straße entlang, die uns unserem letzten Friedhofs-Ziel an diesem nicht zu heißen und nicht zu kalten Frühlingstag nahe bringen mochte. Die Wetterlage hatte sich gehalten, von einem Gewitter blieben wir verschont.

3. Teil: Friedhof Kahlenbergerdorf

Ziemlich genau viereinhalb Stunden nach unserem Treffen in Heiligenstadt waren wir von dem Fußmarsch schon ein wenig gezeichnet. Immerhin waren wir abgesehen vom Umtrunk im Café fast vier Stunden auf den Beinen. Doch es galt das letzte Stück zu meistern, und das hat es in sich, wie mir vorab bekannt war. Es geht recht lange bergab, was mir mehr zu schaffen macht als mich bergauf zu quälen. Sicher auch eine Herausforderung für die Knie! Von der Kahlenberger Straße führt nach einer gefühlten kleinen Ewigkeit die Eisernenhandgasse nach links. Wer bis an diese Abzweigung gekommen ist, kann sich darüber freuen, nicht mehr allzu weit voranschreiten zu müssen, bis der Friedhof erreicht wird. Nur wenige Minuten später führt der Willibald-Fischer-Weg steil bergauf nach rechts. Einmal noch gilt es die Füße in die Hand zu nehmen und die starke Steigung zu bewältigen. Belohnt wurden wir dann mit einem offenen Friedhofstor. Die Wegstrecke vom Friedhof Kahlenberg zum Friedhof Kahlenbergerdorf konnten wir in knapp 40 Minuten schaffen. Somit war es wenig später als 19 Uhr, als wir den letzten Friedhof an diesem Tag neu erkundeten.

Willibald Fischer, dem der erwähnte Weg gewidmet ist, war von 1941 bis 1946 sogenannter Pfarrverweser vom Kahlenbergerdorf. Er wurde dafür bekannt, dafür Sorge getragen zu haben, den Ort 1945 kampflos an die rote Armee zu übergeben. Zudem trotzte er dem Verbot der Nationalsozialisten und ließ den 1942 im KZ Buchenwald ermordeten Bildungsfunktionär Oskar Stern hier bestatten.

Der Friedhof wurde im Jahre 1878 errichtet. Das erste Begräbnis fand am 30. April desselben Jahres statt. Er war 60 Jahre lang ausschließlich verstorbenen Katholiken des Kahlenbergerdorfes vorbehalten. Nach 1938 fanden hier auch verstorbene Juden ihre letzte Ruhestätte. Doch bereits im Oktober 1941 musste das Pfarramt Kahlenbergerdorf dem städtischen Wiener Bestattungsunternehmen mitteilen, dass „der

Pfarrfriedhof bis auf Weiteres für Leichen von getauften Glaubensjuden und Mischlingen gesperrt ist."

Mein Freund M. und ich hielten uns eine gute halbe Stunde auf dem Areal des wunderschönen, eher kleinen Friedhofs auf. Plötzlich wurde ich auf ein besonderes Grab aufmerksam, auf dem ein wie echt wirkendes Häschen saß. Ich zeigte M. diesen wunderschönen lebensechten Gesellen auf vier Pfoten, der dann schnell einen Haken schlug und das Weite suchte. Wir lachten freilich herzlich über dieses Erlebnis, das auf bemerkenswerte Weise zeigte, wie Kunst und Natur in einem Verwandtschaftsverhältnis stehen. Dieses herzige Häschen bildete den krönenden Abschluss unseres *cemetery hopping*. Der Weg hinunter zum Kahlenbergerdorf ist nicht mehr weit. Von dort aus fährt auch ein Bus Richtung Nußdorf. Wir gingen freilich diesen Weg zu Fuß, mein Freund M. wohnt ja in Döbling und es war nicht mehr all zu weit zu seinem trauten Heim, wo auch schon seine Frau darauf wartete, ihn und mich bewirten zu können. Im sicheren Schutz vor dem sich ankündigenden Gewitter tauschten wir unsere Eindrücke aus. Und ich wies ihn darauf hin, dass er als „M" mein kleines Büchlein bereichern wird.

Diese Friedhöfe-Erkundungstour mag einen guten Eindruck davon vermitteln, wie sich *cemetery hopping* auf sehr schöne Weise bewerkstelligen lässt. Wesentlich ist, vorab zu recherchieren, ob sich der Besuch mehrerer Friedhöfe innerhalb weniger Stunden ausgehen mag. Grinzinger Friedhof, Kahlenberger Friedhof und Friedhof Kahlenbergerdorf sind sicher eine besondere Herausforderung. Die gewillten Friedhofsgänger müssen über gute Kondition verfügen und ein wenig Durchhaltevermögen demonstrieren. Dieses *cemetery hopping* konnten M. und ich in ziemlich genau sechs Stunden meistern.

In Wien gibt es einige Möglichkeiten, dieser besonderen Form der Friedhofs-Erkundung zu frönen. So gibt es etwa auch in Simmering, Meidling, Floridsdorf und Donaustadt mehrere Friedhöfe, deren Erkundung sich gut verbinden lässt. Die – zumindest meinem subjektiven Eindruck gemäß – schönste Möglichkeit des *cemetery hopping* ist aber eindeutig die nunmehr zu Ende beschriebene. Wobei die Verknüpfung von Zentralfriedhof, Krematorium und Tierfriedhof freilich absolut zu empfehlen ist! Allerdings hat Döbling, insbesondere das Gebiet des Kahlenbergs, den Vorteil einer herrlichen Landschaft, an der sich der Stadtwanderer erfreuen kann.

Friedhof Oberlaa

Es gibt Friedhöfe, zu denen besondere Bezüge bestehen. So ergeht es mir mit jenem in Oberlaa. Ich kenne diesen seit über 20 Jahren und besuche ihn nach wie vor sehr gerne. Bereits im 13. Jahrhundert existierte in Oberlaa ein Friedhof. Dieser wurde schließlich aber abgetragen und ein neuer Friedhof angelegt. Es erfolgte eine weitere Auflassung. Im Jahre 1833, genau genommen am 7. September dieses Jahres, wurde jener Friedhof eingeweiht, der bis heute belegt wird. Freilich gab es mehrere Erweiterungen, und im Jahre 1869 reagierten auch Oberlaa und Unterlaa auf die öffentliche Kundmachung der Kommune Wien, und boten Grundstücke zur Anlage des Zentralfriedhofes an. Die Friedhofskommission lehnte dieses Angebot ab, wobei dies insbesondere damit begründet wurde, dass aufgrund der herrschenden Verkehrssituation der Weg von der Stadt bis dorthin zwei bis drei Stunden dauern würde.

Erst im Jahre 1938 erfolgte die Eingemeindung dieses Gebietes und seitdem ist der Friedhof in Wien angesiedelt. Er ist in seiner heutigen Ausprägung 33.737 Quadratmeter groß.

In Zusammenhang zu diesem Friedhof gibt es etwas Ungewöhnliches zu berichten, das ich mein Leben lang nicht vergessen werde. Im Jahre 2011 kam es zur Versteigerung von Autorenpatenschaften. Der Meistbietende durfte sich hernach ein Jahr lang um seinen Autor kümmern, in welcher Form auch immer. Hierdurch sollte die Beziehung zwischen Leser und Autor freilich gefördert werden. Als meine Wenigkeit zur Versteigerung freigegeben wurde, war das Erstgebot fast astronomisch hoch. Dennoch fand sich ein Mitbieter, der recht schnell den Zuschlag erhielt. Ich kenne H. seit vielen Jahren, schätze es sehr, mit ihm ins Gespräch zu kommen. Er ist auch als Autor aktiv und ich hatte Gelegenheit, mich mit einigen seiner Werke zu beschäftigen. Jedenfalls trat er gleich an diesem Abend nach der Versteigerung als mein Pate an mich heran. Nachdem er meine Vorliebe für Friedhöfe kennt, sagte er mir, dass seine Cousine eine interessante Geschichte zu erzählen habe, die auf einem Friedhof spielt. Wir könnten uns demnächst mit ihr treffen. Ich sagte sogleich zu.

Einige Tage später fanden wir uns in einem chinesischen Restaurant wieder. Das Essen schmeckte mir nicht wirklich gut, doch ich lauschte andächtig der alten Dame, die das achtzigste Lebensjahr bereits überschritten hatte. Wie es mit alten Damen und wohl auch Herren manchmal so ist, kam sie vom Hundertsten ins Tausendste. H. servierte mir zwischendurch sogar eine andere erstaunliche Geschichte, die ich literarisch zu verwerten gedachte. Der geheime Plan war nämlich, dass mir mein Pate Geschichten erzählen würde, die ich literarisch bearbeiten könne. Eine Gemeinschaftsarbeit also, welche die literarische Welt in Atem halten sollte! Nun, nach einigen Stunden rückte die Cousine mit der Geschichte raus. Sie spielte sich - erraten - am Friedhof in Oberlaa ab. Dort sei sie bevorzugt in den Stunden vor der Schließung gerne unterwegs, somit war sie oft allein auf dem Friedhofsareal. Aber eines Abends verschätzte sie sich mit der Zeit. Auch die Hintertür, durch die sie oft hindurchschlüpfte, war verschlossen. Da war guter Rat teuer! Was sollte sie tun? Die Nacht wollte sie dort nicht verbringen! Sie versuchte eine Möglichkeit zu finden, eine Mauer zu erklimmen. In ihrem Alter war das alles andere denn einfach. Sie durchschritt einige Male das Gelände, es vergingen Stunden. Ein zufällig dastehender Einkaufswagen eröffnete ihr die Chance, eine höhere Position einzunehmen und ein Mäuerchen zu erklettern. Es war bereits stockdunkel, als sie um Hilfe schrie und tatsächlich ein Passant aufmerksam wurde, der sie aus ihrer misslichen Lage befreite. So ihre Geschichte.

Das Mäuerchen schaue ich mir immer wieder an, wenn ich den Friedhof betrete. Doch die Unglaublichkeit wird nunmehr beschrieben. Eines Tages schrieb ich die Geschichte auf, wobei ich sie etwas modifizierte und auf einen Schuss Humor Wert legte. In meiner Schilderung landet die alte Dame ebenso auf einer Friedhofsmauer. Allerdings beginnt sie eine Opernarie zu schmettern, um auf sich aufmerksam zu machen. Nie zuvor hatte ich in einer meiner Geschichten eine Protagonistin oder einen Protagonisten eine Opernarie anstimmen lassen. Einen Tag später durchschritt ich den evangelischen Friedhof, was ich zuvor schon mit Sicherheit hundert Mal oder öfter getan hatte. Da bemerkte ich nach etwa der Hälfte des Weges einen Mann, der sich umschaute und dann den Seitenweg entlang ging, um auf dem Hauptweg keine zwanzig Meter von mir entfernt zu gehen zu kommen. Er begann sogleich eine Opernarie zu schmettern. Ich verstand den Kontext nicht sofort. Aber schließlich ging mir ein Licht auf, und ich war verdutzt, diesem Mann mehrere Minuten zuzuhören. Ich überholte ihn sogar und er sang weiter. Er verließ schließlich den Weg, auf dem wir einige Zeit in nur geringer Entfernung voneinander gegangen waren, und verschwand. Das war Zauberei, unfassbar! Ich bin davon überzeugt, dass dies kein lapidarer „Zufall“ war. Vielmehr verdeutlicht dies, wovon ich überzeugt bin:

Es gibt mehr Ding im Himmel und auf Erden, als meine Schulweisheit sich träumt. Hamlet sei Dank!

Der Friedhof Oberlaa spielt also eine entscheidende Rolle bei einer Erfahrung, die mir zuteil wurde. Diese Geschichte wurde zusammen mit einigen anderen in einem kleinen Büchlein veröffentlicht, das sich *Die Autorenpatenschaft* nennt. Die soeben dargebrachte ist allemal die mit Abstand imposanteste. Wer erlebt schon von einem Tag auf den anderen, dass seine Geschichte lebendig wird? Der Mann hat vielleicht nicht gewusst, warum er ausgerechnet dann zu singen begonnen hat, als ich die Bühne betrat. Aber er musste es tun, da beißt die Maus keinen Faden ab!

Friedhof Kaiserebersdorf

In Wien gibt es 16 ehemalige Sperrfriedhöfe, einer davon ist jener in Kaiserebersdorf. Dies geht aus einem Gemeinderatsbeschluss aus dem Jahre 1965 hervor. Mit Ende 1975 sollten die betreffenden Friedhöfe für Beilegungen gesperrt und schließlich 1985 aufgelassen werden. Die Sperrfrist wurde - wiederum durch Gemeinderatsbeschluss - im Jahre 1975 um 10 Jahre verlängert.

Glücklicherweise kam es zwischen 16. und 18. März 1980 zu einer Volksbefragung. Eine der Fragen bezog sich auf die mögliche Auflassung und Umwidmung der Friedhöfe in Parkanlagen.

„Sind Sie dafür dass der einstimmige Gemeinderatsbeschluss vom 30. Mai 1975, der ab 1995 die Auflassung der Friedhöfe Altmannsdorf, Erlaa, Gersthof, Hadersdorf, Heiligenstadt, Hetzendorf, Hirschstetten, Kaiser-Ebersdorf, Kalksburg, Lainz, Leopoldau, Meidling, Pötzleinsdorf, Siebenhirten, Stadlau und Stammersdorf-Ort vorsieht, a) aufrecht bleibt und diese Friedhöfe ab 1995 in Parkanlagen umgewandelt werden oder b) so abgeändert wird, dass diese Friedhöfe erhalten bleiben, auch wenn keine neuen Grabstellen geschaffen werden können?"

Die überwältigende Mehrheit der Befragten hat sich für Variante b) entschieden. In Folge dessen hob der Gemeinderat bereits am 26. September 1980 den Sperrbeschluss auf. Somit war der weitere Bestand dieser Friedhöfe garantiert.

Es lässt sich nicht feststellen, wann der Ortsfriedhof Kaiserebersdorf errichtet worden ist. Allerdings ist davon auszugehen, dass dies schon Ende des 17. Jahrhunderts der Fall gewesen sein dürfte. Die erste Erweiterung, soviel ist bekannt, erfolgte 1877. Die Auflassung dieses Friedhofes wurde bereits viele Jahre, bevor er zum Sperrfriedhof erklärt wurde, überdacht. Dies hing mit der Bebauung des Nachbargebietes zusammen.

Die Pläne zur Gestaltung des Aufbahrungsraumes stammen vom Architekten Dr. Riccabona, auf den wir bereits aufmerksam geworden sind. Er zeichnete auch für den buddhistischen Friedhof und den Park der Ruhe und Kraft, jeweils auf dem Areal des Zentralfriedhofs, verantwortlich.

Mit einer Größe von etwa 12.000 Quadratmetern ist der Kaiserebersdorfer Friedhof das Kleinod in Simmering. Es ist erstaunlich, dass ich diesen Friedhof an einem sonnigen Nachmittag Ende Mai erstmals erkundete. Ich gehöre ja zu jenen Menschen, die sich in jeder kleinen Stadt oder jedem Dorf, die oder das sie zu entdecken suchen, bald den Friedhof anschauen wollen. Nunmehr wohne ich seit gut 16 Jahren in unmittelbarer Nähe dieses Friedhofs, und die Premiere hat sich also sehr lange herausgezögert. Zugegebenermaßen habe ich mich ab dem Jahr 2006 intensiv mit dem Zentralfriedhof beschäftigt. Mir war stets bewusst, dass es relativ nahe einen Ortsfriedhof gibt. Umso schöner, dass ich angesichts meiner Entdeckungsreise den Friedhof Kaiserebersdorf ansteuerte. Kaum zu glauben, aber der Weg dorthin dauerte von meiner Wohnung aus keine zehn Minuten! Somit lernte ich auch eine Gegend kennen, die ich vorab nie in Augenschein nahm. Mir geht es wohl wie vielen Zeitgenossen, dass ich nur einen Teil der Gegend, in der ich meinen Lebensmittelpunkt eingerichtet habe, tatsächlich kenne. Im Rahmen von Gesprächen mit Menschen, die hierher gezogen sind, hat sich diese Annahme bestätigt. Selbst der Zentralfriedhof wird nur bedingt wahrgenommen.

Dabei ist der Kaiserebersdorfer Friedhof ein, wie mir sofort auffiel, sehr gut gepflegter Friedhof, auf dem es Vielerlei zu entdecken gibt. Ich zückte meine Digitalkamera immer wieder, um wunderschöne Grabstätten und Details zu fotografieren.

Eine Frage, die sich mir schon auf dem kurzen Weg zum Friedhof stellte, war: Ist es überhaupt möglich, die individuellen Unterschiede von Friedhöfen zu beschreiben? Jeder Friedhof hat sein eigenes Gesicht. Das hängt etwa von der Architektur, den Friedhofskreuzen, den Grabstellen, der Größe und den verschiedenen Gruppen ab. Doch entscheidend ist wohl, wie die Gräber gestaltet sind. Es gibt Friedhöfe, auf denen kaum Gräber zu finden sind, die Besonderheiten aufweisen oder einen relevanten Bezug zu jenen Menschen haben, die hier beerdigt oder bestattet sind. Der Kaiserebersdorfer Friedhof zeichnet sich durch die vielen eindrucksvollen Grabstätten aus. Tatsächlich gibt es weitaus größere Friedhöfe, wo ich weniger auf hervorstechende Gräber aufmerksam werde. Freilich sind der Erholungswert und die friedvolle Begegnung, die Friedhöfe ausmachen, nicht zu vergessen. Es gibt so etwas wie ein „Gesamtpaket“, das die individuelle Kraft eines Friedhofes ausstrahlt. Sozusagen gleich um die Ecke befindet sich also ein Friedhof, der geschlossen hätte werden sollen. Wir Wiener können uns glücklich schätzen, dass dies nicht passiert ist. Dieser Friedhof ist auch eine weite Anreise wert. Ich werde ihn sicher immer wieder mal besuchen, die räumliche Distanz erlaubt dies intuitiv. Wer einen Friedhof in unmittelbarer Nähe hat, sei dazu aufgerufen, ihn zu entdecken. Das Schöne liegt buchstäblich so nah!

Exkurs: Lange Nacht der Kirchen 2015

Gottesacker

Seit 2005 findet die *Lange Nacht der Kirchen* in Österreich statt. Ich habe dieses Jahr besonderes Augenmerk darauf gelegt, ob es Programmschwerpunkte gibt, die sich mit meiner Entdeckungsreise verbinden lassen. Und ich bin fündig geworden! Meine Tour durch die lange Nacht begann mit einem Spaziergang, der vom Karlsplatz über die Paniglgasse bis zur Paulanerkirche führte. Eine Fremdenführerin versorgte uns Interessierte mit Informationen geschichtlicher Natur. Die Rede kam recht bald auf den *Armensünder-Gottesacker*. Dieser befand sich vor der Karlskirche, in der Nähe der heutigen technischen Universität. Eine Anschlagtafel weist darauf hin, dass Antonio Vivaldi 1741 auf diesem Friedhof bestattet worden ist. Er hatte sich Hoffnung gemacht, unter der Herrschaft des musikaffinen Kaisers Karl VI. Unterstützung zu bekommen, was ihn nach Wien trieb. Nachdem der Kaiser plötzlich verstarb, hatte dies für Vivaldi schwere Konsequenzen. Mit Maria Theresias Kooperation war nicht zu rechnen. Vivaldi verstarb nur 10 Monate nach seiner Ankunft in Wien und wurde in einem Armengrab zur letzten Ruhe gebettet.

Zum Großteil wurden auf dem Areal Menschen begraben, die hingerichtet worden waren. Der *Armensünder-Gottesacker* existierte vermutlich ab 1638 bis 1784. Ebenfalls in dieser Gegend befanden sich mehrere Pestgruben.

Der Rest der Führung war ebenfalls sehr interessant, allerdings gibt es keinen Friedhofs-Kontext.

Katakomben St. Stephan

Im Alter von zehn Jahren hatte ich die Katakomben St. Stephan erstmals kennen gelernt. Ich kann mich noch gut daran erinnern, dass wir in Religion einen kleinen Aufsatz über unsere Eindrücke schreiben sollten und die lustige Beschreibung eines Klassenkameraden für Furore sorgte. Über 30 Jahre später wagte ich mich wieder in die Niederungen hinab, wo Bischöfe und Habsburger begraben sind. Die Gebeine Tausender Unbekannter befinden sich in tieferen Gefilden und sorgen bei den Besuchern womöglich für schaurige Gefühle. Nur zwei Jahre nach meiner zweiten Erkundung nahm ich die *Lange Nacht der Kirchen* zum Anlass, bei meditativer Musik die Katakomben wieder zu entdecken. Einst befand sich rund um den Stephansdom der *Stephansfriedhof*. Dieser wurde 1732 geschlossen. Die Katakomben existierten zu diesem Zeitpunkt bereits, allerdings galt es nun, diese auszudehnen, was bis ins Jahr 1779 vonstatten ging. Nach zwischenzeitlicher Schließung und einigem Hin und Her wurde im Jahre 1951 die Neupflasterung des Chors durchgeführt. Unter dem Südchor kam es zur Anlegung der Bischofsgruft. Die ursprünglich im Nordchor bestatteten Erzbischöfe und Bischöfe wurden in meist neuen Särgen zum Südchor verbracht. Schließlich entstand 1957 unter dem Nordchor die Domherrengruft. So, wie sich die Katakomben nunmehr präsentieren, ist also erst seit wenigen Jahrzehnten der Fall.

Die während der Schwangerschaft verstorbene Frau, deren gut erhaltene Überreste ich als Kind gesehen hatte, konnte ich allerdings Jahrzehnte später nicht ausfindig machen. Oder täuscht mich da die Erinnerung?

Friedhof Simmering

Um die Laternenführung auf dem alten Friedhof in Simmering mitmachen zu können, verließ ich die vom Wiener Domchor dargebrachte Messe c-moll von Mozart frühzeitig.

Der Treffpunkt zur Führung war beim Friedhofstor rechts des Eingangs der Kirche St. Laurenz. Zu meiner positiven Überraschung fanden sich zahlreiche Interessierte ein, und nach kurzzeitiger ausschließlicher Verwendung von Taschenlampen kamen tatsächlich auch Laternen zum Einsatz. Aus Sicherheitsgründen war es nicht möglich, den Friedhof weiträumig zu begehen. Somit hielt sich die Gruppe stets in unmittelbarer Nähe der Kirche auf. Das änderte aber nichts an der Aussagekraft der Informationen, die durchaus mit ein wenig Wiener Schmäh von den ehrenamtlichen Mitarbeitern des Bezirksmuseums Simmering weiter gegeben wurden.

So beleuchtete eine Laterne das wohl älteste Grab des Friedhofs aus dem Jahre 1714. Wann der Friedhof errichtet worden ist, lässt sich leider nicht belegen. Allerdings ist überliefert, dass Kaiser Josef II. auch die Schließung des sogenannten *Bergfriedhofes* in Simmering angeordnet hat. Die Gemeinde Simmering wollte sich den Friedhof nicht nehmen lassen und verfasste eine Bittschrift, die im Jahre 1784 vom zuständigen k.k. Kreyshauptmann positiv an die Landesregierung beschieden wurde. Einige Adaptionen mussten durchgeführt werden, doch die Geschichte nahm ein gutes – vorläufiges – Ende.

Nach einigen Erweiterungen umfasst das Areal heute knapp 57.000 Quadratmeter.

Wir bekamen die Lebensgeschichten des Braumeisters Johann Georg Dittmann und des Brauereibesitzers Georg Meichl zu hören. Meichl kaufte 1822 Dittmann die Simmeringer Brauerei ab, dies die nicht unbedeutende Verbindung.

Auf dem Simmeringer Friedhof sind einige wohlbekannte oder aber auch vergessene Persönlichkeiten aus Simmering begraben. So etwa die als „carsony brothers" in Las Vegas weltberühmt gewordenen drei Brüder Schrom. Diesen ungewöhnlichen Artisten ist ein Dokumentarfilm gewidmet, der im Jahre 2014 entstand und bereits im Fernsehen gezeigt wurde. Der unglaubliche Druck, dem die Brüder ausgesetzt waren, führte dazu, dass sich die Zwillingsbrüder Bert und Joe im Alter von nur 29 Jahren das Leben nahmen. Karl blieb in Vegas, versuchte kurze Zeit solo sein Glück, doch der Abstieg war vorprogrammiert. Er wurde fast 89 Jahre alt. Sein Leichnam wurde 2014 nach Österreich überführt und also auf dem Simmeringer Friedhof in einem Gemeinschaftsgrab bestattet, wo seine Brüder ebenso die letzte Ruhe gefunden haben.

Weiters wurde auf den Scharfrichter Josef Lang hingewiesen, der als *Henker von Wien* Berühmtheit erlangte. Bei seiner Beerdigung sollen mehrere Tausend Menschen gewesen sein. Er war dementsprechend durchaus beliebt. Mit der Abschaffung der Todesstrafe 1919 wurde er außer Dienst gestellt, und verdingte sich bis zu seinem Tod 1925 als Hausmeister. Er soll auf seine Arbeit als Scharfrichter stolz gewesen sein. Die Todesstrafe wurde bekanntlich 1933 wieder eingeführt.

Es war bereits fast Mitternacht, als die Laternenführung ihr Ende fand. Zweifellos ein Highlight an diesem angenehmen Frühlingsabend, das mir in Erinnerung bleiben wird. Die *lange Nacht der Kirchen* sorgt Jahr für Jahr für besondere Momente, und wer immer Gelegenheit hat, in dieser Nacht unterwegs zu sein und einen oder mehrere der zahlreichen Programmpunkte wahrzunehmen, dem ist dies sehr zu empfehlen.

Der evangelische Friedhof Matzleinsdorf

Das Leben ist voller Überraschungen. Bei meiner Recherche zu einem anderen Friedhof ist mir der evangelische Friedhof Matzleinsdorf buchstäblich in die Quere gekommen. Mir war bis zu diesem Zeitpunkt gar nicht bewusst gewesen, dass dies - neben jenem auf dem Areal des Zentralfriedhofs - der einzige evangelische Friedhof in Wien ist. Dementsprechend habe ich schnell agiert und eine Entdeckungsreise zu diesem mir noch unbekannten Friedhof unternommen.

Die Geschichte dieses Friedhofes ist sehr wechselhaft. Über eine sehr lange Zeitspanne war es üblich gewesen, die sogenannten „Akatholiken" in eigenen Abteilungen auf katholischen Friedhöfen zu beerdigen. Mit dieser Vorgangsweise zeigten sich die Wiener Protestantinnen und Protestanten einverstanden. Im Jahre 1783 war an sie durch Kaiser Joseph II. die Frage ergangen, ob eine eigene Begräbnisstätte errichtet werden wolle oder eben die Toten auf katholischen Friedhöfen bestattet werden sollten. Hernach vergingen 70 Jahre, bis auf Anordnung der kaiserlichen Regierung am 1. Juni 1854 eine Note vorgelegt wurde, aufgrund dessen die gemeinsamen Friedhöfe *zugunsten konfessionell getrennter Begräbnisstätten* aufgegeben werden mochten. Keine vier Jahre später, am 7. April 1858, wurde der evangelische Friedhof Matzleinsdorf eingeweiht. Der Friedhof bestand erst etwas länger als 18 Jahre, da sollte er auch bereits aufgelassen werden. Der evangelische Friedhof auf dem Zentralfriedhof sollte bald geschaffen sein, und offenbar schien dadurch die „Sinnhaftigkeit" des Friedhofes Matzleinsdorf in Frage gestellt.

Jedenfalls war dies die Ansicht des damaligen Wiener Gemeinderates. Die evangelischen Gemeinden fassten sich glücklicherweise ein Herz und legten Beschwerde gegen diesen Beschluss vom 12. November 1876 ein. Hierdurch war die k.k. Statthalterei gezwungen, eine umfassendere Erhebung in die Wege zu leiten.

Die Entscheidung des k.k. Ministeriums ließ auf sich warten, somit waren Bestattungen ungebrochen möglich.

1904 wurde der neue evangelische Friedhof auf dem Zentralfriedhof eröffnet. Für den Friedhof in Matzleinsdorf ging es also ums Ganze. Nunmehr galt der neue Friedhof als jener, wo bevorzugt Bestattungen stattfinden sollten. Allerdings konnten die Angehörigen der Toten verfügen, den Friedhof in Matzleinsdorf zu bevorzugen. Es war also – wie ich bei meiner Entdeckungsreise bereits mehrfach feststellen konnte – ein zähes Ringen um den Erhalt eines Friedhofes. Es ist vielen couragierten Zeitgenossen zu verdanken, dass in Wien nicht wenige Friedhöfe existieren, denen das Schicksal der Auflassung drohte. Der evangelische Friedhof in Matzleinsdorf durfte bestehen bleiben, und wird bis heute für Bestattungen genutzt.

Die Hitze an diesem Tag Anfang Juni war enorm. Ich hatte mir vorgenommen, die vielfach gerühmte Friedhofskirche von innen zu bestaunen. Laut Anschlag sollte sie auch geöffnet sein, doch dies erwies sich als falsche Information. Mir konnte auch niemand erklären, warum dies so sei. Das Besondere an der Christuskirche sind die 35 Engelsfiguren, die sich vorwiegend an den Säulenkapitellen befinden. Nachdem mir die Besichtigung nicht möglich war, hatte auch noch die

Friedhofsverwaltung geschlossen, sodass ich über keinen Friedhofsplan mit Beschreibung der Ehrengräber verfügte. Nun, Not macht erfinderisch, und wo ich schon in Besitz eines Mobiltelefons mit Internet-Verbindung bin, versuchte ich die für mich relevanten Ehrengräber auf diesem Wege zu eruieren. Es war nicht einfach, die verschiedenen Websites zu durchforsten, und die konkreten Standorte der Gräber herauszufinden. Doch gut Ding braucht Weile! Mein Versuch war von Erfolg gekrönt. Somit fand ich innerhalb einer guten Stunde die Ehrengräber für Friedrich Hebbel, Max Winter, Otto Weininger, Adele Sandrock und Karl Baron.

Besonders interessant ist zweifellos die Geschichte des Wiener Originals Karl Baron. Der Mann war insbesondere in seinem Heimatbezirk Favoriten sehr bekannt. Als obdachloser Stadtstreicher soll er über einen hohen Grad an Empathie verfügt haben. 1948 wurde er im Alter von 66 Jahren von einem Auto überfahren und erlag seinen Verletzungen. Bestattet wurde er am Wiener Zentralfriedhof. Tausende Menschen sollen dem Begräbnis beigewohnt haben. Seit 1995 befindet sich nunmehr sein Grab am Friedhof Matzleinsdorf. Der von mir sehr geschätzte Autor Peter Henisch widmete Karl Baron eines seiner Bücher. Welche Anekdoten über ihn der Wahrheit entsprochen haben und welche nicht lässt sich freilich nicht belegen.

Und wo wir schon bei Autoren sind, muss ich noch auf Max Winter zu schreiben kommen. Der politisch aktive Redakteur und Autor recherchierte mit Leidenschaft. Er suchte damit, soziale Missstände aufzudecken. Dies verbindet ihn mit den viele Jahre später geborenen Günter Wallraff, der sicher vielen ein Begriff ist. Es wird an der Zeit, mich mit den Sozialreportagen von Max Winter auseinander zu setzen. Dies hatte ich mir schon lange vorgenommen. Da mir nun sein Ehrengrab auf dem Friedhof Matzleinsdorf begegnete, wurde ich an mein Vorhaben erinnert. Friedhofsbesuche können definitiv nachhaltige Wirkung erzielen.

Ich ließ mich ein Weilchen auf einem Bänkchen im Schatten nieder, um ein wenig zu essen und zu trinken. Zudem las ich in einem historischen Roman. Als ich dann mit der Straßenbahn nach Hause fuhr, hatte mich die Alltagswelt in Form von Menschentrauben wieder. Die stille Zurückgezogenheit, der man sich auf Friedhöfen hingeben kann, ist ein wunderbarer Kontrapunkt zum Getöse der Stadt. Ein Grund mehr, zu Lebzeiten der Atmosphäre der Friedhöfe nicht abhanden kommen zu wollen.

Der Friedhof der Namenlosen

Auf diesen Friedhof wurde ich erstmals durch den sehenswerten Film *Before sunrise* aufmerksam. Die Meinungen über diesen Film sind zwiespältig. Ich bin der Auffassung, dass er Wien auf eine Weise zeigt, die als einmalig einzustufen ist. Die beiden Studenten Celine und Jesse begegnen sich in einem Zug, er Amerikaner, sie Französin. Jesse spricht die Reisende an und schnell ergibt sich ein Gespräch. Die beiden finden Gefallen aneinander, und eine spontane Entscheidung führt dazu, dass sie in Wien den Zug verlassen und gemeinsam bis in die Nacht hinein die Hauptstadt entdecken.

Die Gespräche sind tiefgründig und die beiden öffnen ihre Seelen, Herzen und Gedanken einander. Bei der Erkundung von Wien statten sie auch dem *Friedhof der Namenlosen* einen Besuch ab. Celine weist auf das Grab eines 13-jährigen Mädchens hin, mit dem sie sich schon als Kind verbunden gefühlt hat. Bei meiner ersten Visite des Friedhofes habe ich dieses Grab gesucht, jedoch nicht gefunden. Es ist davon auszugehen, dass die im Film gezeigte Grabstätte hinein montiert wurde und tatsächlich nicht existiert. Doch der Friedhof selbst wird sehr schön ins Bild gesetzt. Wenngleich die Sequenz nur wenige Minuten dauert, wurde ich sehr neugierig, diesen Friedhof kennen zu lernen. Das ist viele Jahre her, der Film wurde 1995 produziert.

Eine ungewöhnliche Begegnung in einer Straßenbahn ist mir auch unvergesslich geblieben. Ich las damals einen Roman des von mir geschätzten Ethan Hawke, der den Jesse in *Before sunrise* spielt. Ein Mann damals mittleren Alters sprach mich kurz vor dem Aussteigen bei der Endstation auf das Buch an und erzählte mir davon, dass er im Film *Before sunrise* als Statist mitgewirkt hat. Er hatte sogar eine kurze Szene gemeinsam mit Ethan Hawke, dem er einen Koffer reichte. Diese Szene ist dermaßen kurz, dass man bei der Sichtung des Films ganz genau aufpassen muss, ich konnte sie eruieren. Jedenfalls war er sehr von Ethan Hawke angetan, der sich als sympathischer Zeitgenosse erwies. Damit schließt sich der Kreis der Vorrede den Film betreffend, der mich auf den *Friedhof der Namenlosen* aufmerksam gemacht hat.

Dieser Friedhof befindet sich im Bezirksteil Albern, der zu Simmering gehört. Mit öffentlichen Verkehrsmitteln ist er nicht so leicht erreichbar, Busse fahren relativ selten, etwa im halbstündlichen Takt. Es ist also anzuraten, diesen Friedhof per Rad oder mit einem Auto anzusteuern.

Die Geschichte des Areals ist eine ganz besondere. Der Friedhof gilt seit 1940 offiziell als aufgelassen. Es ist einem hochengagierten Mann zu verdanken, dass er in der heutigen Form nach wie vor Bestand hat. Dieser Mann war Josef Fuchs. Er arbeitete bei der Gemeinde Albern als Gemeindewachmann, machte es sich ehrenamtlich zu seiner Aufgabe, für die Aufrechterhaltung des Friedhofes zu sorgen, und die hierfür notwendigen – sehr aufwendigen – Arbeiten durchzuführen. Von 1932 bis 1939 brachte er 50 Menschen, die den Donauwellen zum Opfer fielen, mit einer Trage oder einem Schubkarren zum Friedhof. Er fand in den dort ansässigen Fischern und Jägern Unterstützung.

Der Friedhof der Namenlosen wurde 1840 angelegt, um angeschwemmte Wasserleichen zu bestatten. Das nunmehr als erster Friedhof bezeichnete Areal existierte bis 1900. Keiner der Opfer der Donau wurde regulär, vielmehr sang- und klanglos begraben. Dies hing damit zusammen, dass auch viele Selbstmörder darunter waren.

Der bis heute existierende zweite *Friedhof der Namenlosen* entstand aus der Initiative des Simmeringer Bezirksvorstehers Albin Hirsch. Ende 1918 wurde nach nur 18 Jahren Bestand der Friedhof bis auf Weiteres stillgelegt. Die Not der Wiener Bevölkerung führte dazu, dass Holzkreuze und ausgegrabene Särge geplündert und als Brennstoffe verwendet wurden.

Durch die Anlegung des Alberner Hafens und der Getreidesilos änderten sich die Strömungverhältnisse der Donau und somit waren auch keine Wasserleichen mehr zu beklagen. Dies geschah im Jahre 1939. Ab dem Jahre 1940 werden unbekannte Tote, die im Wasser den Tod fanden und finden, auf dem Wiener Zentralfriedhof begraben.

Im Jahre 1939 wurde Josef Fuchs zur deutschen Wehrmacht eingezogen. Seine Gattin veranlasste ein Jahr später die letzte Bestattung auf diesem Friedhof. Josef Fuchs kehrte 1947 aus der russischen Kriegsgefangenschaft heim und einer seiner ersten Wege führte ihn zum *Friedhof zur Namenlosen,* den er während all der schweren Jahre nicht vergessen hatte. Er legte im Alleingang die 102 in schlechtem Zustand befindlichen Grabstätten frei und der Würde der Bestatteten entsprechend neu an. Im Laufe von vier Jahren schaffte es Herr Fuchs, dem Friedhof ein ansehnliches Antlitz zu verleihen. Bis zu seinem Tode sah er sich für die Pflege der Gräber und des Areals verantwortlich. Dem 1996 Verstorbenen ist eine Gedenktafel gewidmet. Zudem wurde er zu Lebezeiten mit dem goldenen Verdienstzeichen des Landes Wien ausgezeichnet. Nunmehr betreuen seine Nachkommen den Friedhof.

Der Friedhof der Namenlosen ist ein schönes Beispiel dafür, dass auch Friedhöfe vergänglich sind. Ohne dem selbstlosen Einsatz von Josef Fuchs bestünde er heute nicht mehr. Er wäre aufgelassen und stünde als ehemaliger Friedhof in den Geschichtsbüchern. Der Friedhof gilt nicht nur wegen des erwähnten Films als attraktives Ziel von Touristen. Viele Einheimische und also Wiener statten dem Friedhof einen Besuch ab. Ich konnte dort auch schon sogenannte prominente Zeitgenossen sichten. Autoren und Musiker lassen sich von diesem Friedhof inspirieren. Somit ist es auch für mich selbstverständlich, den *Friedhof der Namenlosen* in meine Entdeckungsreise einzubeziehen. Ich habe ihn mittlerweile sicher schon ein Dutzend Mal oder öfter erkundet, und es ist hervorzuheben, dass die Grabstellen immer hervorragend gepflegt und oft geschmückt sind. Möge er noch lange Bestand haben und der Vergänglichkeit ein Schnippchen schlagen. Der Familie Fuchs ist ein großer Dank für das bislang Geleistete und in Zukunft zu Leistende auszusprechen.

Der Hernalser und der Dornbacher Friedhof

Als langjähriger Fan des Wiener Sportclub, für den der Sportclubplatz so etwas wie seine zweite Heimat ist, bin ich bereits als kleiner Junge von 6 oder 7 Jahren erstmals am Hernalser Friedhof vorbei geschlendert. Mein Vater hat mich zu einem Match zwischen dem Sportclub und der Wiener Austria mitgenommen, das mein späterer Lieblingsverein mit Pech 2:3 verlor. Der Hernalser Friedhof befindet sich in unmittelbarer Nähe zum Sportclubplatz, jedoch nicht direkt dahinter, wie Sie bald erfahren werden.

Eines Tages reifte in mir die Idee, einigen verstorbenen Spielern des Sportclub in Form eines kleinen Büchleins ein Denkmal zu setzen. Ich wollte schildern, auf welchen Friedhöfen diese ehemaligen Spieler begraben sind, wie man zu den Grabstellen gerät und zudem freilich ein paar Worte über die Lebenswege dieser teilweise vergessenen Menschen hinzufügen. Dieses Vorhaben habe ich nie umgesetzt. Das hat damit zu tun, dass ich doch Zweifel daran hegte, inwiefern ein solches Büchlein Interesse erwecken mochte.

Anders ist es freilich, wenn ich diese nicht verwirklichte Idee ein Stück weit in meine Entdeckungsreise einbeziehe. Als Teil eines größeren Werkes passt sie wunderbar in die Welt der Wiener Friedhöfe. Ausgehend von dieser Vorstellung habe ich mich also auf den Weg zum Hernalser Friedhof gemacht. Dort sind vier Tote begraben, die zu Lebzeiten die Geschichte der Fußballsektion des Wiener Sportclub entscheidend geprägt haben. Der neue Hernalser Friedhof wurde am 25. Oktober 1872 eingeweiht. Bis 1784 befand sich der erste je in Hernals errichtete Friedhof rund um die Kalvarienbergkirche. Der neu errichtete Friedhof ist nach einigen Erweiterungen etwa 161.000 Quadratmeter groß. Die Besonderheit des Hernalser und in weiterer Folge auch des Dornbacher Friedhofs besteht darin, dass beide Friedhöfe einen Abhang zur Als bilden. Das Gelände ist also teilweise sehr steil und für die Angehörigen der dort Bestatteten nicht immer leicht begehbar.

Ein Beispiel dafür ist die Suche nach der Grabstätte der Familie Pesser. Johann Pesser, der wohl erfolgreichste Trainer in der Geschichte der Fußballsektion des Wiener Sportclub, ist in der Gruppe 9 begraben. Um das Grab zu erreichen, muss eine Steigung bewältigt werden, die durchaus Kondition und Durchhaltevermögen erfordert. Die Grabstätte befindet sich ganz rechts der Gruppe 9. Ich durchschritt die Gruppe von links nach rechts, fand das Grab also erst im letzten möglichen Moment. Johann Pesser trainierte den Sportclub von 1953 bis 1960. In seiner Ära erlangte der Verein zwei seiner insgesamt drei Meistertitel. Unvergesslich das 7:0 des Sportclub gegen Juventus im Europacup der Landesmeister. Am 1. Oktober 1958 ereignete sich diese faustdicke Sensation im Wiener Praterstadion. Nach der 1:3 Niederlage in Turin führten die Spieler des Sportclub ihre Sportkameraden aus Italien im Rückspiel buchstäblich vor, deklassierten sie und führten hierbei nicht wenige Kabinettstückchen auf. Noch heute wird immer wieder von diesem legendären Spiel gesprochen, meiner Meinung nach zurecht. Warum sollte auch der größte Erfolg eines Fußballvereins, der einem ans Herz gewachsen ist, nicht gebührend in Erinnerung bewahrt werden?

Erich Hof war von 1954 bis 1969 Spieler beim Wiener Sportclub, er agierte vorzugsweise als Mittelstürmer. Und er erzielte beim Europacup-Match gegen Juventus zwei Tore, ist also Teil der legendären Mannschaft, die bis heute und darüber hinaus nicht in Vergessenheit gerät. Über seine spielerischen Finten ist in Fachkreisen viel diskutiert worden. Seine Grabstätte ist in der Gruppe 16, in einer der höheren Etagen gelegen. Johann Pesser und Erich Hof sind zwei Persönlichkeiten, die das Herz jedes Sportclub-Fans erfreuen. Sie verdeutlichen, dass dieser Verein nicht nur zahlreiche Tiefs, sondern hie und da auch Hochs erleben durfte.

Zwei weitere für den Sportclub bedeutende Spieler der Extraklasse sind recht nah beieinander begraben, und zwar in den Gruppen 58 und 59. Zum Einen in der Gruppe 58, Reihe 1, Nummer 4, Franz Jelinek. Er galt bereits im Alter von knapp 19 Jahren als großes Talent. Dies äußerte sich insbesondere dadurch, dass der Stürmer in der Saison 1941/1942 österreichischer Torschützenkönig war. Er kam nur einmal – in der Ostmarkauswahl – zu Länderspielehren. Dieses Spiel endete mit einem 1:0 Sieg gegen die Slowakei. Franz Jelinek wurde schließlich als Soldat eingezogen, und kam nicht mehr lebend aus dem Krieg zurück. Sein Grab ziert auch ein Foto von ihm. Er starb im Alter von nicht einmal 22 Jahren.

Zum Anderen ist das Grab für Rudolf Geiter in der Gruppe 59 situiert. Hierbei müssen nur wenige Höhenmeter vom Grab für Franz Jelinek ausgehend bewältigt werden. Rudolf Geiter wurde mit dem Sportclub in der Saison 1937/1938 Vizemeister, und erreichte 1937 und 1938 das Cup-Finale. Er kam zu sieben Einsätzen für die österreichische Fußballnationalmannschaft. Die Krönung war zweifellos sein spielentscheidendes Tor zum 2:1 im Länderkampf gegen England.

Nie zuvor hatte Österreich den Engländern eine Niederlage bescheren können, sodass dieser Sieg eine historische Dimension darstellen mag. Einberufen hatte ihn der wunderbare Hugo Meisl, dessen Grab übrigens im evangelischen Teil des Zentralfriedhofs gelegen ist.

Während ich zwischen den Gräbern von Franz Jelinek und Rudolf Geiter (auf dem Grabstein steht übrigens interessanterweise GEITA) unterwegs war, geriet ich ins Blickfeld eines Mannes, der so wie ich mit einer Digital-Kamera bewaffnet einige Fotos machte. Er ging einige Minuten keine 20 Meter von mir entfernt seiner Wege, schaute manchmal in meine Richtung. Ich wartete allerdings vergeblich darauf, dass er einen Fußball aus seiner nicht existenten Sporttasche hervorholte.

Mit dem Besuch der vier mit dem Wiener Sportclub eng verbundenen Spieler und Trainer (auch Erich Hof agierte einige Jahre als Trainer des WSC) hatte ich immerhin einen kleinen Teil dessen erfüllt, was ich mir ehemals vor nahm. An diesem anfangs regnerischen, doch plötzlich sonnigen Tag Mitte Juni, beschloss ich, auch den unmittelbar neben dem Hernalser Friedhof befindlichen Dornbacher Friedhof zu besuchen.

Die berühmte Friedhofstribüne, die nicht wegzudenkender Teil des Sportclubplatzes ist, hat ihren Namen daher, dass in ihrem Rücken der Dornbacher Friedhof liegt. Es mag zunächst verwundern, dass zwei Friedhöfe so knapp beieinander bestehen. Dies hängt damit zusammen, dass Dornbach einst eine eigene Gemeinde war, und also die verstorbenen

Mitglieder der Gemeinde auf einem eigenen Friedhof bestattet werden sollten. Auch Dornbach hatte wie Hernals einen „alten" Friedhof. Der neue Friedhof wurde am 26. Juli 1883 eingeweiht. Somit nur wenige Monate nach der Gründung des Wiener Sportclub, der damals jedoch noch keine Fußballsektion aufwies. Es ist also durchaus eine Beziehung zwischen dem Wiener Sportclub und dem Dornbacher Friedhof herzustellen, sodass die Friedhofstribüne eine Brücke von den Lebenden zu den Toten Akteuren des Sportclub schlagen mag. Mit etwas über 44.000 Quadratmetern ist der Dornbacher Friedhof deutlich kleiner als der Hernalser Friedhof. Er ist allemal ebenso sehenswert, und verfügt über prächtige Grabmäler, ein schönes Friedhofskreuz und eine buchstäblich glänzende Aufbahrungshalle, die ein Glasmosaik von Hermann Bauch ziert, dessen Atelier Himmelkeller in seinem Geburtsort Kronberg viele Besucher anzog.

Es sei noch darauf hingewiesen, dass sich der Hernalser Friedhof und der Dornbacher Friedhof hervorragend für ein kleines, aber sehr feines *cemetery hopping* eignen. Wer dem Hernalser Friedhof die Ehre gibt, darf den Dornbacher Friedhof nicht links liegen lassen. Beide Friedhöfe seien also anempfohlen. Für Menschen, die dem Wiener Sportclub zugeneigt und auch solche, die sporthistorisch interessiert sind, stellen diese beiden Friedhöfe wohl ein Pflichtprogramm dar.

Die Kapuzinergruft

Es ist wohl fast schon eine Selbstverständlichkeit für jeden in Wien ansässigen Menschen, der Kapuzinergruft einen Besuch abzustatten. Ich muss im Laufe meines Lebens dutzende Male an dieser letzten Ruhestätte der kaiserlichen Familie Habsburg vorbei gegangen sein. Jetzt, wo ich mir einen Eindruck verschaffen konnte, erscheint es mir erstaunlich, dass ich als an Friedhöfen sehr stark interessierter Zeitgenosse wohl mit Jahrzehnten Verspätung meine diesbezügliche Erfahrung in Worte zu kleiden versucht bin.

Vorab habe ich mich über die Möglichkeit von deutschsprachigen Führungen informiert. Dies ist allerdings nur als Teil einer Gruppe möglich. Es gibt keine regelmäßigen Führungen, sondern diese sind lose organisiert. Somit begab ich mich als Individualbesucher hinab in die Kapuzinergruft. Diese in ihrer Art einmalige Kaisergruft ist direkt unter der Kapuzinerkirche am neuen Markt in der Innenstadt gelegen. Ihre Grundsteinlegung im Jahre 1622 erfolgte im Sinne eines Testamentes von Kaiserin Anna, welche die Errichtung eines Kapuzinerklosters mit Begräbnisstätten innerhalb der Wiener Stadtmauern festlegte. Die Datierung des Testamentes erfolgte im Jahre 1618.

Im Jahre 1633 waren die Kirche und Gruft in einem Zustand, sodass die letzten Ruhestätten von Kaiserin Anna und ihrem Gatten Kaiser Matthias die Gründergruft bilden konnten.

Die Kapuziner betrachten sich als die Hüter und Bewahrer der Kaisergruft. Der Orden gilt als selbständiger Zweig der Franziskaner, ist demnach ein Bettelorden. Kaiserin Anna war so etwas wie die Initiatorin der Ansiedlung des Ordens in Wien. Die Hauptaufgaben der Kapuziner konzentrieren sich auch auf dem Lesen von Gedenkmessen und die Betreuung der Besucher der Gruft.

Noch vor Betreten der Gruft verdeutlichen Hinweistafeln, dass es sich bei der Kapuzinergruft um einen Friedhof handle, und dementsprechend Pietät zu wahren sei. Ich hatte den Lageplan, der günstig erworben werden kann, kaum entfaltet, da war auch bereits ein Mann älteren Semesters dabei, seinen Fotoapparat zum Einsatz zu bringen. Zu bedenken ist, dass in der Kapuzinergruft an und für sich fotografieren nicht erlaubt ist. Dennoch wird dies mehr oder weniger intensiv praktiziert. Auffällig ist, dass die Fotografen ihre Motive kaum eines Blickes würdigen, sondern ausschließlich durch das Sichtfenster ihrer Kameras betrachten. So wird ein Foto nach dem anderen geschossen, ohne eine Beziehung zu diesen teilweise fantastisch anmutenden Sarkophagen zu entwickeln.

Es ließe sich sehr viel über die Kapuzinergruft erzählen. Die geschichtliche Entwicklung und überhaupt die Hintergründe können in zahlreichen Büchern nachgelesen werden.

Besonders empfehlenswert ist der Roman *Die Kapuzinergruft* von Joseph Roth. Ein Nachkomme des berühmten, aus dem Roman *Radetzkymarsch* bekannten Protagonisten Trotta will sich unbedingt in der Kapuzinergruft begraben lassen, wo seine Kaiser liegen. Dies bleibt ihm jedoch verwehrt.

Die Grabstätten von Maria Theresia und Franz Stephan sind wohl besonders sehenswert. Dieser Doppelsarkophag ist Teil eines Mausoleums, das 1753 unter dem Sakristeigarten errichtet worden ist, also noch zu Lebzeiten der Kaiserin und ihres Gatten. Der Raum und der Doppelsarkophag beruhen auf Entwürfen des Kaiserpaares. Die Maria Theresia Gruft enthält 16 Grabstätten, rund um den Doppelsarkophag sind die Särge der Kinder angelegt. Zudem als einzige Nicht-Habsburgerin die Ruhestätte der Erzieherin von Maria Theresia, Gräfin Karoline Fuchs-Mollard.

Bei der Grabstätte von Kaiserin Elisabeth, der Gemahlin von Kaiser Franz Joseph, sind einige zarte Kränze abgelegt, manche aus Ungarn stammend. Überhaupt mag es so sein, dass immer wieder Besucherinnen und Besucher aus Ungarn der Kaisergruft die Ehre geben.

Zwei interessante Aspekte möchte ich noch anführen. Eine einzige Protestantin (und kein Protestant) wurde in der Kapuzinergruft bestattet. Und zwar Henriette Alexandrine von Nassau-Weilburg. Ihr ist zu verdanken, dass in Wien seit dem Jahre 1816 der Brauch der Aufstellung von Weihnachtsbäumen besteht.

Erstaunlich, dass der Begründer der Albertina, Albert Kasimir von Sachsen-Teschen, seines Zeichens zu Lebzeiten Herzog, in einem vergleichsweise sehr einfach gestalteten Sarg bestattet worden ist.

Eine Erfahrung hat mich auch in der Kapuzinergruft ereilt. Auffällig auch an diesem so herrlich gestalteten Friedhof, dass die Menschen in Windeseile die verschiedenen Grüfte abhaken. Während meines Aufenthalts haben mich viele Menschen überholt. Kaum einer, der sich einen der prächtigen Sarkophage genauer angesehen hätte. Dabei sind die Details sehr bemerkenswert. Die Unsitte, fast nebenbei Ausstellungen an sich vorüber ziehen zu lassen, nach dem Motto: *„Ich war hier, das ist die Hauptsache, darüber kann ich dann erzählen."*, kenne ich zur Genüge. Großartige Gemälde mit einem Augenzwinkern hinter sich zu lassen ist das Eine. Doch die beschleunigte Welt des Wohlstandsbürgers ist bis in die Kapuzinergruft vorgedrungen. Egal, ob es sich um Touristen oder Einheimische handelt. Eine Tatsache, die ein Beleg dafür ist, dass Kunst und Kultur zwar als wichtig eingestuft werden, jedoch den damit Konfrontierten keine genauere Auseinandersetzung wert sind. Traurig irgendwie, dass Entschleunigung weitgehend nicht einmal auf Friedhöfen erwünscht sein mag.

Kagraner Friedhof

Angesichts meiner weit fortgeschrittenen Entdeckungsreise habe ich mir nach einigem Für und Wider vorgenommen, auch jenen Friedhof einzubeziehen, mit dem ich besonders verbunden bin. Erstmals habe ich das Areal des Kagraner Friedhofes im Jahre 1999 betreten. Meine Großmutter war gestorben und ich hatte die ehrenvolle Aufgabe, eine Grabstelle für sie auszusuchen. Von den zwei Optionen wählte ich jene, die sich weiter vom Eingang entfernt, sozusagen in der „Tiefe" des Friedhofes befindet. Drei Jahre später verstarb mein Großvater, weitere knapp zehn Jahre danach mein Onkel. Somit ist das Familiengrab bislang mit drei Toten belegt.

Ich kann mich noch gut daran erinnern, wie ungewöhnlich es für mich war, eine Grabrede im Gedenken an meine Großmutter zu halten. Später sah ich es als Enkel für eine Verpflichtung an, ebenso ein paar Worte über meinen Großvater zu sprechen. Wir waren miteinander sehr verbunden gewesen. Der Tod seiner Frau war ihm sehr nahe gegangen, und ich stand ihm bei, so gut es ging, besuchte ihn regelmäßig. Sein Tod erwies sich als Schock, den ich nur langsam überwinden konnte. Friedhöfe sind die letzten Ruhestätten von Verstorbenen. Zwar hatte ich seit meiner Kindheit einen leichten Hang zu Friedhöfen gehabt, doch die Realisierung der Totenruhe ergab sich erst viel später. Mein Großvater war der erste tote Mensch, den ich in meinem Leben gesehen hatte. Er war in seiner Wohnung gestorben. Es war eine beeindruckende Erfahrung, durch die ich zweifellos gewachsen bin. Meine Großmutter wollte ich als Tote nicht sehen. Vielleicht auch deswegen, weil dies nur in der Pathologie eines Spitals möglich gewesen wäre. Auf dem Weg zu meinem wenige Stunden zuvor verstorbenen Großvater begegnete mir ein älterer Mann, mit dem mein Großvater als Freund und Ansprechpartner viel gemeinsame Zeit in einem schönen Park verbracht hatte. Er muss mir angesehen haben, dass etwas Schlimmes passiert ist. Ich sagte ihm den Grund meines Kommens. Er war sehr zuvorkommend und wünschte mir herzliches Beileid. Wenig später öffnete mir dann mein Onkel die Tür und ich betrat bald darauf das Wohnzimmer, wo mein Großvater tot auf dem Boden lag. Mein Onkel und ich warteten dann gemeinsam auf die Männer der Bestattung, die für die Abholung von Toten und die ersten wichtigen administrativen Schritte zuständig sind.

Der Tod gehört zum Leben dazu. Das wird mir mit jedem Toten, der mir zu Lebzeiten nahe stand, immer bewusster. Der Tod ist ein Mysterium, etwas Unfassbares. Wir werden geboren und werden eines Tages sterben. Angesichts dieser Unausweichlichkeit gilt es, das Leben auszukosten und nicht ausschließlich Dinge zu tun und zu überlegen, die der eigenen Persönlichkeit widersprechen. Ich bin mir dessen bewusst, dass alles im Leben relativ ist. Gerade deswegen versuche ich, mir selbst ähnlicher zu werden und in jene Sphären vorzudringen, wo ich mich sogar ein wenig verstehen kann. Es ist mir wichtig, in Zusammenhang zu meiner Entdeckungsreise auch das sonst Tabuisierte, also das Sterben und den Tod, nicht auszuklammern. Das mag im Sinne eines Büchleins über Friedhöfe zwar einer gewissen Logik entsprechen, doch es wäre leicht, bloß auf geschichtliche und architektonische Komponente zu sprechen zu kommen. Ich will insbesondere in Zusammenhang zum Kagraner Friedhof nicht zu viele Worte über die Spezifika verlieren. Der neue Friedhof wurde am 3. Juli 1887 eingeweiht. Wie wohl jeder Friedhof in Wien gab es zuvor einen älteren Friedhof, und der neue Friedhof wurde mehrfach erweitert, bis er seine heutigen Ausmaße angenommen hat. Kagran - darauf gilt es hinzuweisen - hatte einen eigenen Pestfriedhof. Das diesen Bestattungsplatz kennzeichnende Pestkreuz wurde im Jahre 1952 erneuert und befindet sich derzeit in der Anton-Sattler-Gasse.

Eine Frage mag sich der Leser - vielleicht - angesichts meines persönlichen Bezuges zum Kagraner Friedhof stellen: Möchte der Autor einst hier begraben werden? In der Tat habe ich schon darüber nachgedacht. Wenngleich der Bezug sehr persönlich ist, tendiere ich dennoch zum Zentralfriedhof, der mich von seiner Ausprägung her mehr anspricht. Der Kagraner Friedhof ist ca. 56.000 Quadratmeter groß, und damit hinter jenem in Aspern der zweitgrößte der Donaustadt. Er ist durchaus auch ansprechend, eine würdige Ruhestätte wie wohl alle Friedhöfe in Wien. Allerdings ist es wohl dieser persönliche Bezug, der etwas zu denken gibt. Es fiel mir auf, dass ich während meiner - neuen - Entdeckungsreise vergleichsweise wenig fotografiert habe. Das hat sicher auch mit hohem Respekt und eben der persönlichen Einbezogenheit zu tun. Also, die Frage mag damit hinreichend beantwortet sein.

Noch einen Faktor gibt es, auf den ich aufmerksam mache. Auf dem Kagraner Friedhof ist die letzte Ruhestätte des Trinitarier-Ordens. Dies habe ich erst im Laufe der Jahre zufällig entdeckt. Ich wurde von Pater Bernhard, Trinitarier, im Jahre 1971 getauft. Meine Eltern wurden vom berühmten Pater Quirin getraut. Zu meiner Überraschung hat ein Trinitarier die Beerdigung meines Onkels geleitet. Und ganz entscheidend: Ich bin den Trinitariern durch Pater Clemens, seines Zeichens Aids-Seelsorger der Erzdiözese Wien, wieder näher gekommen. Er liest die heiligen Messen in Maria Grün im Prater, und zählt wohl zu den wunderbarsten Seelsorgern von Wien. Ich denke mir immer wieder: *Pater Clemens präsentiert die katholische Kirche, so wie sie sein könnte!* Somit sind die Trinitarier für mich auch Hauptgrund dafür, dass ich als progressiver Katholik meinen Bezug zur Kirche gehalten habe und ungebrochen an einen deutlichen Fortschritt glaube.

Aus alledem lässt sich ableiten, dass es mir ein besonderes Bedürfnis war, den Kagraner Friedhof in meine Entdeckungsreise einzubeziehen, wenngleich es etwas Überwindung gekostet hat. Kurz bevor ich mich bereit machte, die Neuentdeckung zu wagen, habe ich durch Recherchen herausgefunden, dass der Schauspieler Kurt Jaggberg auf diesem Friedhof begraben ist. Kurt Jaggberg ist mir insbesondere als den Oberinspektor Marek unterstützender Bezirksinspektor Wirz bekannt, der im Übrigens bereits in dieser Rolle acht Mal agierte, ehe Marek in die „Tatort"-Geschichte eingegangen ist. Jaggberg mimte den Wirz nicht ganz so grantig, dass er Marek Konkurrenz machen könnte, doch auf seine eigene Art und Weise sehr köstlich. Kurt Jaggberg ist aus der österreichischen Filmgeschichte des 20. Jahrhunderts nicht wegzudenken. Ich habe einige Zeit gebraucht, um die Grabstätte der Familie Jagersberger zu finden. Ja, Sie haben richtig gelesen, Jagersberger. Jaggberg war sein Künstlername. Auf dem schlichten Grabstein stehen beide Familiennamen. Insgesamt sind hier fünf Tote begraben. Sehr schade ist, dass die Grabstätte vernachlässigt wird. Bei meinem Besuch waren überhaupt keine Blumen angelegt, kein Grabschmuck und nicht einmal von einer Kerze war eine Spur. Das kann nur passieren, weil dieses Grab nicht als Ehrengrab angelegt worden ist. Nichts desto trotz verdeutlicht diese Tatsache, wie wenig mit Kurt Jaggberg und seiner Familie vertrauten Menschen daran liegt, die Grabstätte zu pflegen und in Schuß zu halten. Gibt es tatsächlich niemanden, der sich dieser Grabstätte annehmen mag?

Damit ist eine persönliche Geschichte erzählt worden, ergänzt durch einige zusätzliche Erkenntnisse, die mir wichtig erscheinen. Die Entdeckungsreise nähert sich ihrem Ende und hat noch eine Überraschung parat.

Neustifter Friedhof

Ich hatte mir vorgenommen, meine Entdeckungsreise mit einem besonderen Friedhof ausklingen zu lassen, der den Kreis auf wunderbare Weise schließt. Der Neustifter Friedhof ist hierfür prädestiniert. Zuvor war ich einmal in Berührung mit ihm gekommen. Anlass war das Begräbnis einer Frau, deren Sohn ich seit vielen Jahren kenne. Friedhöfe stecken voller Geschichten, einige sind in dieses Büchlein eingeflossen. Jeder Besucher kann sich aufmachen, Friedhöfe mit anderen Augen zu sehen. Das bloße Durchschreiten ist ein Unding. Gräber verdeutlichen nicht nur die Sterblichkeit des Menschen, sondern ebenso die Hinwendung oder Abwendung der Angehörigen.

Die Geschichte des Neustifter Friedhofs wurde ab 1880 neu geschrieben. Mit der Eröffnung des neuen Friedhofes am 1. September dieses Jahres sollte er insbesondere für die Ortsbewohnerinnen und Ortsbewohner als Begräbnisstätte fungieren. Der Neustifter Friedhof ist ein Bergfriedhof. Er zählt – dies schreibe ich aus Überzeugung – zu den schönsten Friedhöfen in Wien. Allerdings ist er nicht für alle Menschen leicht begehbar. Es geht teilweise steil bergauf, somit ist es beschwerlich, so manches Grab zu erreichen. Dafür erschließt sich dem Gast ein herrliches Panorama! Die Gruppen und Reihen sind genau gekennzeichnet, es ist mir somit leicht gefallen, die von mir anvisierten Gräber zu finden. Neben dem Grab der Frau, die ich nur wenige Monate vor ihrem Tod im Zuge von Vorbesprechungen und Dreharbeiten für einen ungewöhnlichen Film kennen gelernt hatte (ihr Sohn fungierte hierbei als Kameramann!), besuchte ich einige weitere Grabstätten, zum Teil Ehrengräber.

Auf dem Neustifter Friedhof ist Willi Forst, der begnadete Schauspieler, begraben. Ebenso Hans Holt, Schauspieler und als Mitglied der „lieben Familie", einer Fernsehserie, die ich als Kind gerne gesehen habe, aus dieser nicht wegzudenken. Und Jenny Pippal, die wohl charmanteste Fernsehprogramm-Ansagerin in der Geschichte des österreichischen Fernsehens, ruht an der Seite ihres Gatten Willi Kralik. Außerdem machte ich dem Grab von Peter Persidis, zu Lebzeiten Fußballer und als Rapid-Urgestein geltend, meine Aufwartung.

Ein wichtiger Grund, diesen Friedhof aufzusuchen, ist sein Stellenwert als erster und einziger Umweltfriedhof von Wien. Als solcher ist er seit dem Jahre 2010 ausgewiesen.

Somit habe ich mir beim dritten Tor des Friedhofs vom Portier einen Folder über den Umweltfriedhof Neustift überreichen lassen. Offenbar kommt das nicht allzu oft vor, der Mann schien überrascht zu sein. Ich bewegte mich nach links ausschwenkend in die Gegend, wo Fledermäuse heimisch sind. In insgesamt sechs Gruppen werden die vorwiegend in Baumhöhlen hausenden Baumfledermäuse durch Fledermauskästen unterstützt. Bei Tag war es mir freilich nicht möglich, auch nur eine der nachtaktiven fliegenden Mäuse zu sehen. Weiter ging es bis an den westlichen Rand des Friedhofs. Ein Areal bietet optimale Bedingungen für Reptilien, genau genommen nicht für Riesenschildkröten oder Nashornleguane, sondern für Äskulapnattern, Blindschleichen und mehreren Eidechsen-Arten. Die Schlangen sind ungiftig, und Dinosaurier keine zu befürchten. In unmittelbarer Nähe der Reptilien-Abteilung befindet sich eine Wiese, die einigen Schmetterlings-Arten behagt. Hervorzuheben ist der schwarze Trauerfalter, eine gefährdete Art, die wie die Faust aufs Aug den Friedhof als sein Habitat betrachtet.

Das Biotop wiederum kann es – meiner subjektiven Meinung nach – mit dem Biotop auf dem Zentralfriedhof nicht aufnehmen.

Damit geraten Anfang und Ende meiner Entdeckungsreise in Kontakt. Dabei könnte ich noch auf die am Neustifter Friedhof durch Nistkästen angesiedelten Singvögel hinweisen, insbesondere auf Blaumeise, Buchfink und Rotkehlchen. Sei es, wie es sei, schnell ist die Zeit vorbeigerast, und mein etwa vier Monate andauernder Reiseboom mit dem Ziel Wiener Friedhöfe ist damit noch nicht beendet. An dieser Stelle seien die ersten Zeilen eines Gedichtes von *Matthias Claudius* zitiert:

Wenn jemand eine Reise tut,
So kann er was verzählen.
D'rum nahm ich meinen Stock und Hut
Und tät das Reisen wählen.

Bei meinem Bericht handelt es sich um einen Ausschnitt aus einer Entdeckungsreise, die mich an die ungewöhnlichsten Orte von Wien gebracht hat. Ist der Kaiserebersdorfer Friedhof nur wenige Minuten von meiner Wohnung entfernt, so galt es, bei drückender Hitze Anfang August 2015 über eineinhalb Stunden dem Neustifter Friedhof nahe zu kommen. Ich habe mich in allen Fällen öffentlicher Verkehrsmittel bedient. Es gilt Ihnen, meinen Leserinnen und Lesern, die Sie mir bis hierher gefolgt sind, für Ihre Aufmerksamkeit zu danken! Aber halt, es gibt noch einen kleinen Zusatz und dann zur Abrundung die vorab verkündeten „Top 10" sowie wichtige Anmerkungen zu überstehen, dann können Sie sich ganz den Fotos widmen. Wohlan!

Epilog

Meine Entdeckungsreise fand im Frühjahr und Sommer des Jahres 2015 statt. Zumeist war herrlich sonniges Wetter, der Hitzewelle im Juli bis in den August hinein musste ich auch Tribut zollen, ließ mich aber von meinem Ziel nicht abbringen, ausgewählte Friedhöfe in Wien genauer kennen zu lernen.

Um die schönen Zeiten auf den Friedhöfen abzurunden, beschloss ich, zwei Orte aufzusuchen, die ich besonders ins Herz geschlossen hatte und auf die ich neugierig war. Zunächst begab ich mich zum St. Marxer Friedhof, der ja bekanntermaßen nunmehr als Park gewidmet ist. Die Fliederblüte zu erleben war mir nachdrücklich in Erinnerung geblieben. Nun schien Mitte August schon ein wenig der Herbst auf den Friedhof eingezogen zu sein. Viele Blätter säumten die Wege, und ich geriet in eine richtige Friedhofsstimmung. Kurioserweise hatte ich zuvor Friedhöfe ausschließlich als sonnige, fröhliche Orte erlebt. Jedenfalls im Rahmen meiner Entdeckungsreise. Es überfiel mich also eine nachdenkliche, ein klein wenig traurige Stimmung. Die Endlichkeit allen Seins empfand ich jedoch nicht als schweres Gewicht. Vielmehr war es ein gutes Zeichen, dass ich einen Friedhof auf jene Weise erlebte, wie es ohnehin immer wieder passiert, ausgerechnet im Rahmen meiner Erkundungen für mein initiiertes Projekt, an dem Sie, liebe Leserin, lieber Leser, teilnehmen konnten, allerdings nur sehr bedingt.

Ein „Zufall" hatte es mit sich gebracht, dass nur einen Tag nach meinem damaligen Besuch auf dem St. Marxer Friedhof die Medien vom Mozart-Grab berichteten. Das Grab wird mit Geldmünzen versorgt, das war mir sofort aufgefallen. Ich hatte mich gefragt, warum das so ist? Die Zeitung gab Aufklärung: Das Grab von Mozart sei in einem schlechten Zustand, und mit den Geldmünzen werde darauf aufmerksam gemacht, dass Geld für die Sanierung unabdingbar sei. Und dann wurden sogar Bezüge zur Armut des Musikers hergestellt, die ihn gegen Ende seines Lebens betroffen habe. Angesichts dessen habe ich mir die Grabstätte genauer angesehen. Die Blumen sind ja wunderschön, doch der Grabstein selbst, sowie der Sockel und der Engel, sind von der Verwitterung gezeichnet. Der Sockel ist auch mit Moos bewachsen. Eine Adaptierung des Grabes kann so teuer ja nicht sein. So denken sicher auch die Menschen, die Geldmünzen in die kleinen Schälchen der kleinen Engelchen stecken. Vielleicht ist dieser Umstand ja schnell aus der Welt geschafft. Dann können die darüber geschriebenen Zeilen getrost überlesen werden.

Vom St. Marxer zum Simmeringer Friedhof ist es nicht weit. Ich hatte den Simmeringer Friedhof ja „nur" des Nachts im Rahmen eines kleinen Spaziergangs anlässlich der *langen Nacht der Kirchen* kennen gelernt. Nun wollte ich ihn bei Tage in voller Pracht sehen. Zwei Grabstätten interessierten mich ganz besonders, dies ist auf Hinweise zurück zu führen, die wiederum bei diesem kleinen Spaziergang einen feinen Beiklang bildeten. Der letzte Scharfrichter von Wien, Josef Lang, soll hier begraben sein. Der Grabstein ist sehr leicht auffindbar. Ausgehend vom Eingang rechts der Kirche gilt es nur, abwärts zu gehen, bis rechts die Friedhofsmauer auftaucht.

Der allererste Grabstein ist es dann auch schon. Genau genommen ist dieser Grabstein als museales Artefakt einzustufen. Josef Lang und seine Familie waren ursprünglich in der Gruppe 17 des Simmeringer Friedhofs bestattet. Eines Tages wurde das Grab jedoch aufgelassen. Als Erinnerung an den Scharfrichter von Wien ist der Grabstein an eine gut sichtbare Stelle versetzt worden.

Und zu guter Letzt machte ich mich auf die Suche nach den Gebrüdern Schrom, besser bekannt als die *carsony brothers*. Diese einzigartigen Akrobaten hatten Karriere in Las Vegas gemacht, und sind nun also in ihrer Heimatstadt, ja sogar in ihrem Heimatbezirk begraben. Der in den Vereinigten Staaten verstorbene Karl Schrom wurde 2014 nach Wien überführt. Das Grab vermittelt einen sehr gepflegten Eindruck. Der Simmeringer Friedhof hat eine ungewöhnliche Anordnung von Gruppen, sodass ich mich vorab über den ungefähren Standort der Grabstätte informiert habe, um sie dann auch finden zu können. Dies gelang, nachdem ich kurzfristig in der falschen Reihe Nachschau gehalten hatte.

Es ist also geschafft. Ich habe insgesamt 22 Friedhöfe entdeckt bzw. neuentdeckt. Eine Entdeckungsreise, die mir viel Spaß gemacht hat. Wer einen besonderen Bezug zu Friedhöfen hat, dem kann ich nur empfehlen, es mir nachzutun, und auch auf Entdeckungsreise zu gehen. Jeder Friedhofsbesucher wird Friedhöfe anders erleben, andere Prioritäten setzen. Die Auswahl der Friedhöfe ist sehr variabel. Meine Entdeckungsreise soll verdeutlichen, wie spannend es sein kann, Friedhöfen die Aufwartung zu machen. Nie darf vergessen werden, dass es sich um Gedenkstätten handelt, die in der Geschichte der Menschheit wohl von Anfang an einen großen Stellenwert hatten. Dieses kleine Büchlein erhebt nicht den Anspruch, Historie wieder erlebbar zu machen oder gar völlig Neues zu beleuchten. Mir ging und geht es darum, den Stellenwert von Friedhöfen, in diesem Falle von Friedhöfen in Wien, aufzuzeigen, und anhand meines Beispiels ein Stück weit buchstäblich „zum Leben zu erwecken". Selten, aber doch, habe ich humorige Aussagen eingestreut. Ob der Tod tatsächlich so toternst ist, wissen wir Lebenden nicht. So mag denn meine ausgedehnte Friedhofs-Tour Anreize schaffen, den Wiener Friedhöfen Besuche abzustatten. Dann ist schon viel gewonnen. Damit schließt sich endgültig der Kreis.

Top 10

„Top 10"-Listen sind Bestandteil vieler Reiseführer. Dem möchte ich nicht nachstehen und erlaube mir also, nunmehr jene 10 Friedhöfe anzugeben, die ich als besonders empfehlenswerte Destinationen einstufe. Freilich handelt es sich ausschließlich um Friedhöfe im Sinne der dokumentierten Entdeckungsreise. Die Reihenfolge hat nichts mit Abstufungen zu tun, sondern verhält sich adäquat zum Auftreten der Friedhöfe.

1) **Zentralfriedhof**
   Der zweitgrößte Friedhof Europas besticht durch seine Vielfalt. Dies drückt sich in den zahlreichen Abteilungen aus. Auf dem Gelände befindet sich der buddhistische Friedhof, den ich für ebenso sehenswert wie die russisch-orthodoxe Abteilung, die Anatomiegedenkstätte, das Biotop und Vieles, das ich an dieser Stelle in aller Kürze gar nicht betonen kann, einstufe. Einfach hingehen und staunen!

2) **Jüdischer Friedhof in der Seegasse**
   Dieser Friedhof, der über ein Pensionistenheim erreicht wird, ist der älteste Friedhof in Wien. Er hat eine wechselvolle Geschichte hinter sich. Jeder Grabstein erzählt seine eigene Geschichte. Der Zugang ist möglicherweise durch Renovierungsarbeiten erschwert bzw. eventuell sogar nicht erlaubt. Ich konnte das Gelände gefahrlos betreten. Vor der Erkundung über die Zugänglichkeit informieren sei angeraten!

3) **Der Hietzinger Friedhof**
Es gibt kaum einen anderen Friedhof in Wien, wo so viele Ehrengräber entdeckt werden können. Beim Portier kann eine Liste der Ehrengräber erfragt und in Besitz genommen werden. Durch die Kennzeichnung der Ehrengräber auf einem Plan ist es nicht sehr schwer, diese auch zu finden. Gustav Klimt und Franz Grillparzer sind beispielsweise auf dem Hietzinger Friedhof begraben. Es gilt also, mancher zu Berühmtheit gelangter Persönlichkeit die Ehre zu geben.

4) **Friedhof St. Marx**
Das Besondere an diesem Friedhof ist, dass er als Park gewidmet ist und somit auch längere Öffnungszeiten bietet. Das Mozart-Grab wird von den Besuchern mit Vorliebe frequentiert. Doch dies ist nur einer von unzähligen Gründen, auf diesem Friedhof, in diesem Park für eine längere Zeit zu verweilen. Nachdem ich den Friedhof auch in meinem Epilog erwähne, kann vermutet werden, dass er in meiner Liste einen der aller vordersten Plätze einnimmt, das lässt sich gar nicht verhehlen.

5) **Der jüdische Friedhof Währing**
Hierbei handelt es sich um einen Friedhof, der nur mittels Führungen erkundet werden kann. Diese werden regelmäßig angeboten, Nachfragen ist also eine gute Idee. Das Einzigartige an diesem Friedhof erschließt sich, wenn die vielen verschiedenen Grab-Motive im Rahmen einer Führung verständlich gemacht werden. Das Washingtoner Abkommen von

2001 sollte die Sanierung und Erhaltung jüdischer Friedhöfe sicherstellen. Dies ist jedoch nur bedingt der Fall, wie es auch der wunderbare jüdische Friedhof Währing verdeutlicht.

6) **Grinzinger Friedhof, Kahlenberger Friedhof, Friedhof Kahlenbergerdorf**
Das bestrittene *cemetery hopping* hat mit sich gebracht, dass die erkundeten Friedhöfe allesamt eine Empfehlung wert sind. Der Grinzinger Friedhof aufgrund der Ehrengräber, der Kahlenberger Friedhof hat als kleinster Friedhof in Wien einen hervorragenden Stellenwert, der Friedhof Kahlenbergerdorf zeigt sich als Belohnung angesichts der nicht so leichten Erreichbarkeit. Wer einen außergewöhnlichen Tag mittels *cemetery hopping* verbringen möchte, der wird mit der beschriebenen Tour seine Freude haben.

7) **Der evangelische Friedhof Matzleinsdorf**
Die für mich überraschendste Entdeckung im Rahmen der Entdeckungsreise ist der evangelische Friedhof Matzleinsdorf. Mir war zuvor nur der evangelische Friedhof, der dem Zentralfriedhof zugehörig ist, bekannt. Umso wertvoller erwies sich der Aufenthalt. Es gibt viel zu entdecken, und wenn die Friedhofskirche zur angegebenen Zeit tatsächlich offen sein sollte, ist diese Destination um eine Attraktion reicher.

8) **Der Friedhof der Namenlosen**
Herrn Josef Fuchs ist es zu verdanken, dass es den Friedhof der Namenlosen bis heute gibt. Ohne seine Hingabe wäre dieser Friedhof längst aufgelassen und

wohl vergessen. Seine Nachkommen haben sein Erbe angetreten und kümmern sich nunmehr um die Erhaltung des Friedhofs. Jedes Grab wird gehegt, und immer wieder mit Blumen dekoriert. Bei diesem Friedhof handelt es sich um ein Kleinod, das durch privaten Einsatz der Familie Fuchs Fortbestand hat. Herzlichen Dank hierfür!

9) Die Kapuzinergruft

Ein Wien-Trip ohne Einplanung der Kapuzingergruft ist fast nicht vorstellbar. Es muss gar nicht mal eine Affinität zu Friedhöfen gegeben sein. Die Kapuzinergruft ist eine Welt für sich, eine Welt, die auf Erkundung wartet! Führungen sind in deutscher Sprache nur bedingt möglich. Ob die englischsprachigen Führungen zielführend sind, kann ich nicht wissen. Ich bin zufällig in eine solche geraten und war hiervon nicht angetan. Aber es kann freilich von Führung zu Führung anders sein. Die letzte Ruhestätte der kaiserlichen Familie Habsburg verlangt Zeit. Die in die Sarkophage eingearbeiteten Details haben mich begeistert.

10) Neustifter Friedhof

Der Neustifter Friedhof ist als Bergfriedhof mit einem herrlichen Panorama ausgestattet. Die genaue Bezeichnung von Gruppen und Reihen ist mir bei keinem anderen Friedhof in dieser Exaktheit aufgefallen. Die anvisierten Gräber können rasch aufgefunden werden. Der Neustifter Friedhof ist jedoch nicht für alle Besucher leicht begehbar. Teilweise sind deutliche Steigungen zu bewältigen. Sogar der Weg vom Bus zum dritten Tor geht steil bergauf.

> Als erster und einziger Umweltfriedhof Wiens erfüllt der Neustifter Friedhof zudem eine besondere Aufgabe, von der sich der Gast überzeugen kann.

Genau genommen habe ich sogar 12 Friedhöfe in meine Liste aufgenommen. Dem *cemetery hopping* sei Dank!

Adressen und Öffnungszeiten der Friedhöfe

Die von der *Friedhöfe Wien GmbH* verwalteten Friedhöfe weisen die gleichen Öffnungszeiten auf

3. November bis Ende Februar: 8 – 17 Uhr
März sowie 1. Oktober bis 2. November: 7 – 18 Uhr
April bis September: 7 – 19 Uhr

Folgende Friedhöfe sind von o.a. Öffnungszeiten betroffen:

Zentralfriedhof, inklusive buddhistischer Friedhof,
11., Simmeringer Hauptstraße 234

Krematorium Wien,
11., Simmeringer Hauptstraße 339

Hietzinger Friedhof,
13., Maxingstraße 15

Grinzinger Friedhof,
19., An den langen Lüssen 33

Friedhof Oberlaa,
10., Friedhofstraße 33

Friedhof Kaiserebersdorf,
11., Thürnlhofstraße 27

Friedhof Simmering,
11., Unter der Kirche 5

Hernalser Friedhof,
17., Leopold-Kunschak-Platz 7

Dornbacher Friedhof,
17., Alszeile 28

Kagraner Friedhof,
22., Goldemundweg 11

Neustifter Friedhof,
18., Pötzleinsdorfer Höhe 2

Nunmehr folgen anderweitig verwaltete Friedhöfe, die spezifische Öffnungszeiten aufweisen:

Tierfriedhof Wien,
11., Anton Mayer Gasse 5
3. Mai bis Ende Februar: 8 – 17 Uhr
März und 1. Oktober bis 2. November: 7 – 18 Uhr
April und September: 7 – 19 Uhr
Mai bis August: 7 – 20 Uhr

Jüdischer Friedhof Seegasse („Rossauer Friedhof"),
9., Seegasse 9
Montag bis Freitag: 8 bis 15 Uhr
Kann aufgrund von Restaurierungsarbeiten gesperrt sein, Besichtigung dann über den Terrassenbereich des Seniorenheimes möglich, bitte bei der IKG direkt oder über die Website erkundigen!

Friedhof St. Marx,
3., Leberstraße 6-8
1. April bis 30. September: 6.30 Uhr bis 20 Uhr
1. Oktober bis 31. März: 6.30 Uhr bis 18.30 Uhr

Jüdischer Friedhof Währing,
18., Semperstraße 64a
Kann nur mittels Führungen betreten werden, bitte erkundigen und – wenn möglich – anmelden!

Islamischer Friedhof,
23., Großmarktstraße 2a
Montag bis Freitag: 7.30 Uhr bis 16.30 Uhr
Samstag, Sonntag, Feiertag: 7.30 Uhr bis 15.30 Uhr

Kahlenberger Friedhof,
19., Kahlenberger Straße
Der Friedhof wird über ein schmiedeeisernes Tor betreten.
Es gibt keine konkreten Öffnungszeiten. Empfohlen ist allerdings, ihn bei Tageslicht, etwa in den Nachmittagsstunden, aufzusuchen.

Friedhof Kahlenbergerdorf,
19., Zwillinggasse 2
Dieser Friedhof gilt als Pfarrfriedhof.
Laut Auskunft der Verwaltung ist er immer geöffnet!

Evangelischer Friedhof Matzleinsdorf,

10., Triester Straße 1

November bis Februar: 8 – 17 Uhr

März: 8 bis 18 Uhr

April: 7 bis 18 Uhr

Mai bis August: 7 – 19 Uhr

September bis Oktober: 7 – 18 Uhr

Friedhof der Namenlosen,

11., Alberner Hafenzufahrtsstraße

Laut Herrn Fuchs ist der Friedhof immer zugängig

Kapuzinergruft,

1., Tegetthoffstraße 2

täglich von 10 bis 18 Uhr geöffnet

Die Friedhöfe sind zum Großteil mit öffentlichen Verkehrsmitteln und mit dem Auto gut erreichbar. Ausnahme sind der Kahlenberger Friedhof sowie der Friedhof Kahlenbergerdorf, die ich auch deswegen dezidiert für ein *cemetery hopping* ausgewählt habe. Hier müssen längere Strecken zu Fuß bewältigt werden.

Parkplätze in der Nähe der Kapuzinergruft sind dünn gesät.

Hier empfiehlt es sich, mit öffentlichen Verkehrsmitteln anzureisen.

Auf konkrete Beschreibungen der Strecken zu den Friedhöfen wird verzichtet, weil dies in Zeiten von Navigationsgeräten und Fahrplan-Abfrageoptionen kontraproduktiv wäre.

Und als letzte Bemerkung, jedoch nicht als Pointe gedacht: Friedhofspläne bzw. Darstellungen der Ehrengräber können auf vielen Friedhöfen erfragt werden. Die vielen Pläne wären im Rahmen dieses Büchleins eher verwirrend als nützlich. Sollten Pläne mit der Angabe von Ehrengräbern existieren, liegen diese sehr wahrscheinlich in der Friedhofsverwaltung oder beim Portier auf.

Zentralfriedhof – Naturgarten

47
HUGO
BETTAUER
GEB. 18. 8. 1872 GEST. 26. 3. 1925

Jüdischer Friedhof Seegasse

Hietzinger Friedhof

Friedhof St. Marx

Jüdischer Friedhof Währing

Islamischer Friedhof

Buddhistischer Friedhof

Grinzinger Friedhof

Kahlenberger Friedhof

Friedhof Kahlenbergerdorf

Friedhof Oberlaa

Friedhof Kaiserebersdorf

Katakomben St. Stephan

Friedhof Simmering

Der evangelische Friedhof Matzleinsdorf

Hernalser Friedhof

Dornbacher Friedhof

Kagraner Friedhof

Neustifter Friedhof

Friedhof der Namenlosen